三木清遺稿「親鸞」

死と伝統について

子安宣邦 編著
Koyasu Nobukuni

白澤社

三木清遺稿「親鸞」——死と伝統について＊目次

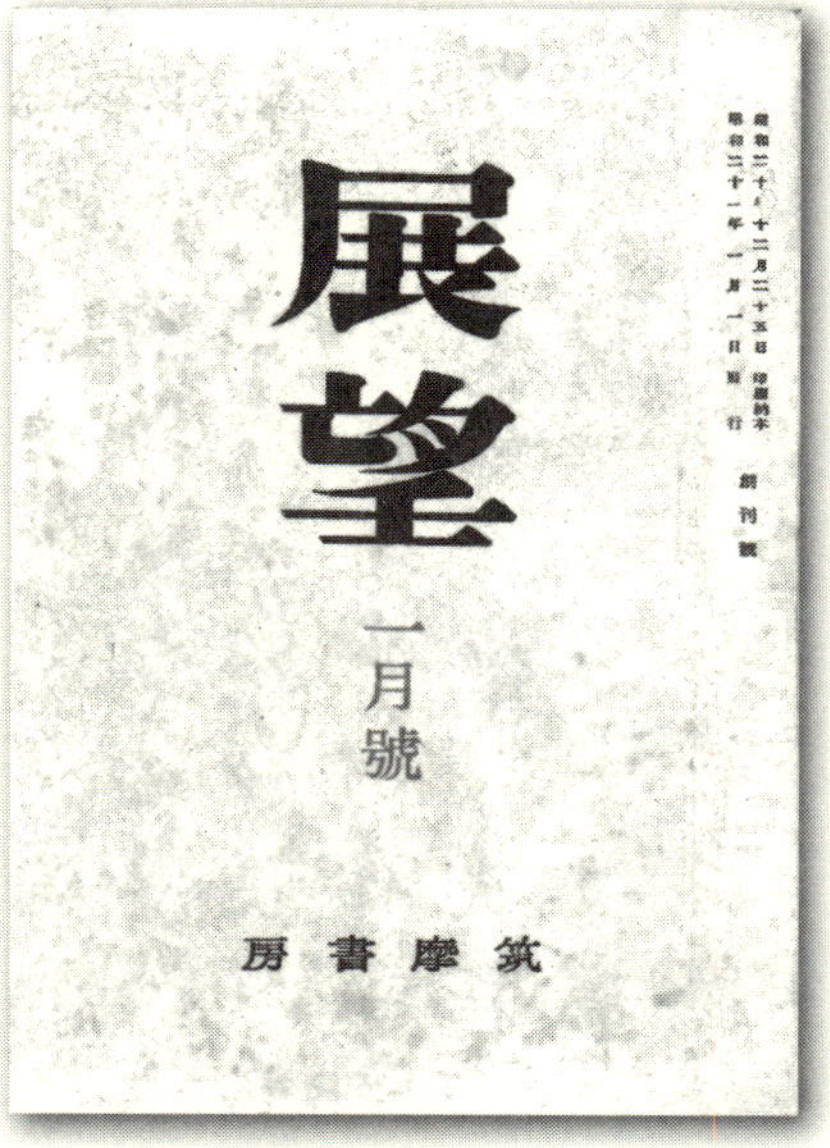

昭和二十年十二月二十五日 印刷納本
昭和二十一年一月一日發行
創刊號

展望

一月號

筑摩書房

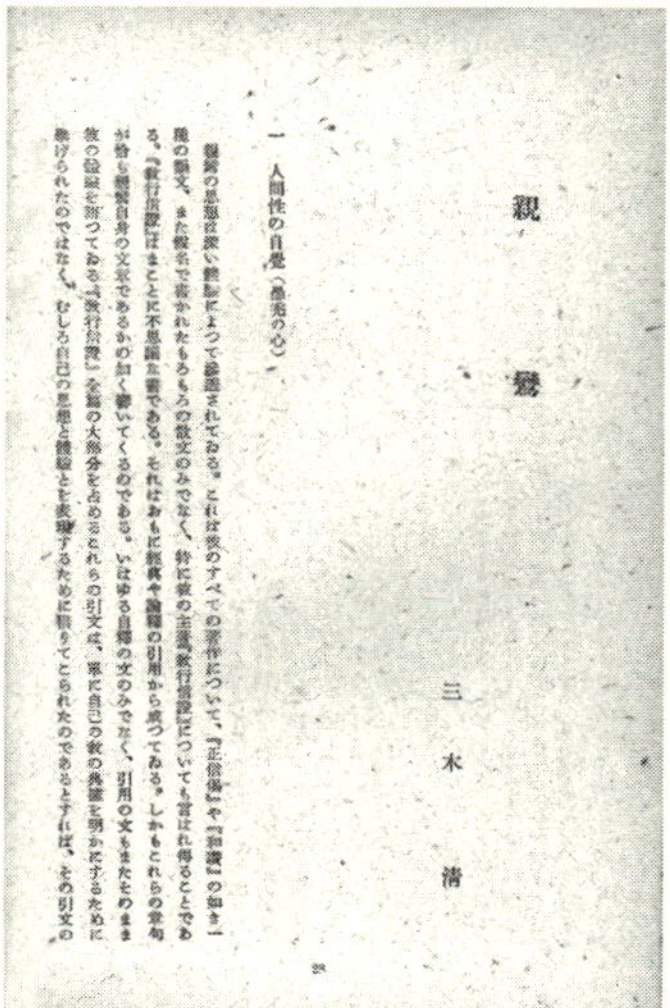

親鸞

三木清

一　人間性の自覺（愚禿の心）

親鸞の思想は深い體驗によつて滲透されてゐる。これは彼のすべての著作について、『正信偈』や『和讃』の如き一種の韻文、また假名で書かれたもろもろの散文のみでなく、特に彼の主著『教行信證』についても言はれ得ることである。『教行信證』はまことに不思議な書である。それはおもに經典や論釋の引用から成つてゐる。しかもこれらの章句が恰も親鸞自身の文章であるかの如く響いてくるのである。いはゆる自釋の文のみでなく、引用の文もまたそのまま彼の體驗を語つてゐる。『教行信證』全篇の大部分を占めるこれらの引文は、單に自己の教の典據を明かにするために掲げられたのではなく、むしろ自己の思想と體驗とを表現するために借りてとられたのであるとすれば、その引文の

28

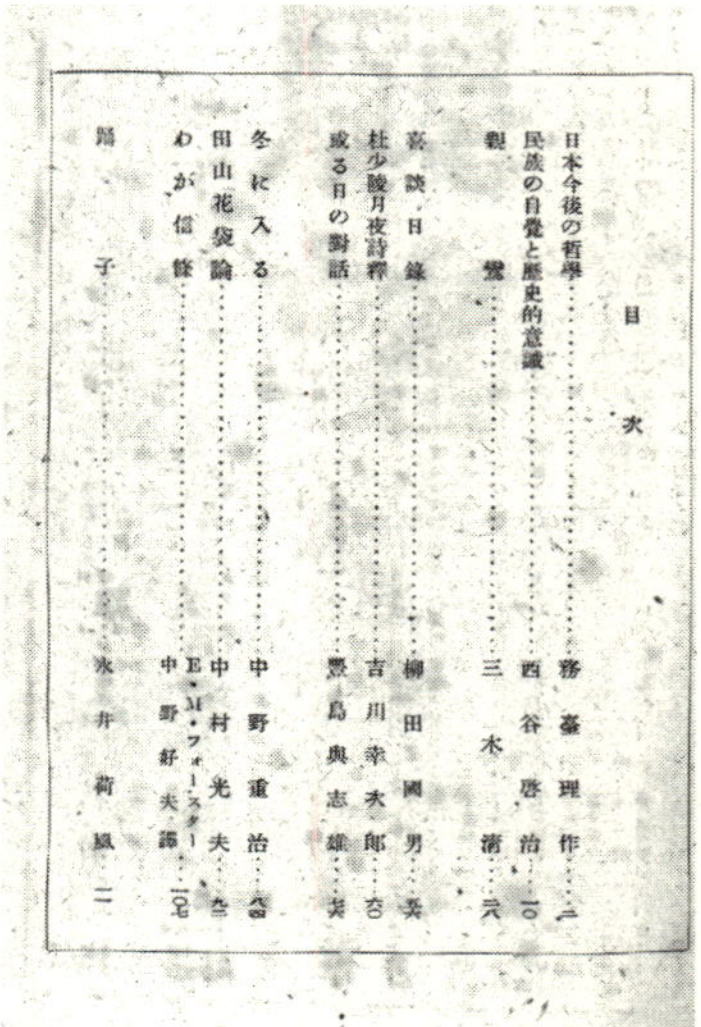

目次

三木清「親鸞」が掲載された『展望』創刊号（昭和21年1月号）

序

遺稿「親鸞」から三木清を読む

子安宣邦

1 三木との出会い

私はこの十年来、自分の思想史的関心をもっぱら昭和の戦前から戦中期に向けてきた。そして「靖国と国家神道」「昭和のアジア観」「近代の超克」、そして「和辻倫理学」などの主題を構成しながら私の思想史的作業を進めてきた。さらにつけ加えていえば，私の思想史的作業のそれ以降の主題となったのは「近代日本の中国論」であり、「近代における歎異抄」であった(1)。私はこの昭和の思想史的作業を進める過程で三木清に出会うことになったのである。はじめは「近代の超克」論でわずかに斜めにかすめるようにして出会い、「歎異抄の近代」論ではまともに三木に出会うことになった。

昭和十年代、日本が終始〈事変〉と呼ぶ中国における戦争が拡大し続けていった時期、三木は日本の論壇における寵児であった。彼は近衛首相を支えるブレイン集団「昭和研究会」の有力なメンバーとして、政治学者蝋山政道とともに〈事変〉の収拾策としての「東亜新秩序」構想の理念的構成者になっていった。この時期の『改造』『中央公論』などの雑誌に連続して発表された三木の論説は、ほとんどこの「東亜新秩序」構想の歴史哲学的な敷衍、すなわち〈世界史的意味づけ〉というべきものであった。私たちがいま三木のこれらの論説に見出すのは、戦争に突き進む時局のただの添え物としての哲学的意義づけの言説の無残ともいうべき姿である。三木の名とその文章とを近衛首相の「東亜新秩序」構想とともに知っていった私は、西田幾多郎門下の英才三木清とその著述をそれ以上に知ろうとも、読もうとも思うことはなかった。私の中にあったのは時流、時局の中であたら才能を使い果たしていった三木という哲学者の無残な姿だけであった。

私は二〇一二年の十月から近代知識人における『歎異抄』を読み直す作業を始めた。清沢満之から始めたその作業は、大正から昭和にいたり、三木の「親鸞」を主題とする段階を迎えることになった。あらためて私は三木清にまともに出会うことになったのである。ちなみに私の『歎異抄の近代』は清沢満之から暁烏敏、倉田百三、丹羽文雄、鈴木大拙を経て三木清にいたり、さらに戦後の野間宏、吉本隆明を経て滝沢克己にいたるものである。

2　遺稿「親鸞」と三木の死

私の『歎異抄の近代』は昭和に入って、三木清の遺稿「親鸞」を読むことが次の私の課題となった。私は三木の遺稿「親鸞」とは、彼の死後に獄中に残された未完の原稿であるかのように思っていた。だがそれは甘ったるい私の想像であった。三木は日本の終戦の年、昭和二十年（一九四五）の終戦の日を過ぎた九月二十六日に東京中野の豊多摩刑務所で獄死した。当時の刑務所は拘留者に執筆を許すような場所ではなかった。遺稿「親鸞」は三木の死後、疎開先の埼玉県鷲宮《わしみや》町の住居から見出されたものであった。三木は昭和十九年の九月に娘洋子を連れてその地に疎開していた。遺稿「親鸞」がいつ書かれたのかは明らかではない。三木は昭和二十年三月に検挙されるが、その前年、埼玉の鷲宮に疎開したその年の暮れを三木は「「親鸞」の筆を起して書き進みつつ年を越したように思われる」と『三木清全集』の「年譜(2)」は記している。

三木の遺稿「親鸞」は、終戦と彼の死の翌年昭和二十一年一月に『展望』（筑摩書房）創刊号に掲載され、彼の非業の死とともに全国の読者に知らされていったのである。この遺稿「親鸞」は『三木清全集』（第十八巻）などによって読むことはできるが、私は『展望』創刊号に最初に発表された姿で見たいと思った。ちなみに私の思想史作業は、ある言説の成立の現場に立ってみる、あるいは思想の成立をそこで追体験してみるといった現場主義を方法論的立場としてもっている。これが対象についての先入見を改めさせ、新たな発見を私に導いていくのである。

私は『展望』の創刊号を見に国会図書館に行った。昭和二十一年一月の創刊号を含む最初期の『展望』誌は国会図書館の憲政資料室が収蔵する占領軍による検閲図書に含まれていた。私はその資料室で敗戦時の日本を追体験するようにマイクロ・フィッシュで読みにくい『展望』創刊号を見ていったのである。三木の遺稿「親鸞」を『展望』創刊号に載せたのは、京都大学哲学科の三木の後輩であり、彼を敬慕する唐木順三であった。唐木は『展望』創刊号に遺稿「親鸞」を載せ、その後に「遺稿「親鸞」について」という文章を付している。その冒頭で唐木は、「拘置所内では執筆は禁止されていたのであるから、埼玉の疎開先に残されたこの『親鸞』の未定稿が恐らく三木さんの絶筆であろう」といっている。そして遺された原稿の構成を説明し、その最後をこういう言葉で結んでいる。

私はこの文章を写しているうち、故人の息吹を直々に感ずるようなところ、あの岩乗な姿が眼の前に浮び上って来るような箇所に度々逢着した。そういう点から言っても、この未定稿は単なる研究論文の不完全な一部というに尽きるものではない。故人の体験的なものを多分に含んだ貴重な記録であると思う。

ここで唐木がこの遺稿が「故人の体験的なもの」を含むといっていることは大事な指摘である。三木は遺稿「親鸞」の「一　人間性の自覚」の冒頭で、「親鸞の思想は深い体験によって滲透されている。これは彼のすべての著作について、『正信偈』や『和讃』の如き一種の韻文、また仮名で書かれたもろもろの散文のみでなく、特に彼の主著『教行信証』についても言われうることである」といっている。三木が親鸞の思想を「体験的」というその語を、唐木は三木自体の思想についていうのである。

ところで遺稿「親鸞」を戦後におけるその最初の発表時の姿で見ることは、三木の獄中における死と残された「親鸞」とを、戦後にそれを知り、それを受け取った人びとの「体験」において見ることでもある。唐木はこの「親鸞」を「三木さんの絶筆」として受け取り、これを『展望』の創刊号に載せたのである。そしてその第二号に「三木清といふひと」という唐木におけるまさしく「体験」としての「三木清」について書くのである。『展望』創刊号の誌上の「親鸞」を「具体的」に見ることは、三木と遺稿「親鸞」とを昭和二十〜二十一年の人びとの体験において見ることである。ちなみに「体験的」「現実的」「具体的」であることは三木において「人間的」であることのシノニムである。唐木は「三木というひと」を三木の獄死の知らせを受け取ったものの収めようのない憤りの体験として書き始めている。

「終戦後四十日もたって、……三木さんの獄死が報ぜられた。これはまさにあっけにとられた形で、言いようのない憤りを吐き散らさねばおさまらないものがあった」。その憤激は、「拘置所で疥癬という野蛮な皮膚病をうつされ、それが昂じて急性腎臓炎をよびおこし」て、現代日本の稀にみる知識人のいのちを奪った「戦争下の日本の異常な馬鹿らしさ」に向けられるものであった。唐木が憤りとともに、三木の最後の様子を伝える言葉をここに引いておこう。遺稿「親鸞」を体験的に読むことは、三木の惨酷な死を追体験的に知ることと切り離せないと思うからである。

九月二十六日の朝は食欲がないというので食事をとらなかった由、獄医は一応は診たが危険はないと言って外出してしまったという。そしてその日の午後三時に死んでしまったのである。臨終には誰も居合はせず、ベッドから降りて床に倒れたままこときれていたそうで、その倒れ方から察するに、尿意でも催おして、静かにベッドを離れて、歩いている途中で倒れたというのではなく、恐らく苦しさの余りベッドに立上り、そのままガックリと床にころがりおちて、そのままになったらしいという話であった。

三木の死の惨《むご》さは唐木の憤りとともに伝えられる。三木の遺稿「親鸞」は、終戦四〇日後の三木の無残な獄死とともに人びとに伝えられ、受け取られたのである。遺稿「親鸞」は三木の死とともに人びとに知らされ、その死に刻印された「親鸞」を人びとは読んでいったのである。私もそうだ。三木の無残な死とともに「親鸞」を知り、読んでいったのである。

3　パスカルと親鸞

私はとりあえず遺稿「親鸞」を『全集』本によって読んでいった。私は親鸞の末法論をめぐる三木の力のこもった独自の読み方（「歴史の自覚」）に感銘を受けた。とともにこれは三木自身のための「親鸞論」であるように思われた。私がここで「三木自身のための」というのは、三木を私は昭和知識世界の読書人に向けての旺盛な教養主義的な哲学的論説家という側面でしか見ていなかったからである。

私はこの遺稿「親鸞」を読んで、すぐに三木の処女作品である『パスカルに於ける人間の研究』を思い起こした。三木について読むことも、知ることも少ない私ではあるが、しかしこの作品が彼において特異な位置を占めるものであることは知っていた。それは著者の愛着する作品でありながら、著者の著述の主流からはずれた作品とみなされてきた。これは〈私的〉な性格をもった著作とみなされてきたのである。〈私的〉とは、これが自己の人間と生のあり方への反省に立つものであることを意味している。これを〈人生論〉的といってもいい。三木は己れの処女作として哲学的な〈人生論〉的著作をもっているのである。三木は自分自身のために「パスカル論」を書いたのである。私が遺稿「親鸞」を読んですぐに彼の『パスカルに於ける人間の研究』を思い起こしたのは、両著作がもつこの性格によっている。

だが奇妙なことに三木自身の強い愛着にもかかわらず『パスカルに於ける人間の研究』に対する戦後の評価は低い。三木のパスカルへの執着は彼の人生論的な感傷主義に由来するとされたり、彼のハイデッガーや親鸞への執着とともに三木における不可解な暗部をなすとされたりしてきた。そしてこの否定的評価は、ドイツ留学中のリッケルトのゼミナールにおける三木の報告テーマまで記載する詳細な「三木清年譜」（久野収編『三木清』現代日本思想大系33）が、彼のパスカルをめぐる論文名も、その発表時も、さらに『パスカルに於ける人間の研究』の刊行をも記載しないことに行き着くことになるのだろう。[3] この「年譜」はしたがって三木の『人生論ノート』の刊行（一九四一年八月、創元社）をも記載しないことになるのである。だがこのことは逆に戦後の論者たちによって消されようとした「パスカル論」から「親鸞論」にいたる三木の「自分自身のため」にする数少ない文章の重要性を教えるものだろう。もしいま三木を読み直し、三木を再発見しようとするならば、そこからなされねばならないことを教えているのである。

『展望』創刊号に三木の遺稿「親鸞」を載せた唐木順三が第二号に「三木清というひと」と

いう文章を書いていることについてはすでにいった。この文章は三木の獄死の実際だけではない、遺稿「親鸞」を三木に位置づける上で貴重ないくつものことを教えてくれている。三木における「パスカル論」と「親鸞論」との結びつきを私に確信させたのもこの文章である。唐木は三木の「我が青春」(『読書と人生』所載)から次の文章を引いている。

京都へ行ったのは、西田幾多郎先生に就いて学ぶためであった。高等学校時代に最も深い影響を受けたのは、先生の『善の研究』であり、この書物がまだ何かやろうかと迷っていた私に哲学をやることを決心させたのである。もう一つは『歎異抄』であつて、今も私の枕頭の書となっている。最近の禅の流行にも拘らず、私にはやはりこの平民的な浄土真宗がありがたい。恐らく私はその信仰によって死んでゆくのではないかと思う。後年パリの下宿で——それは二十九の年のことである——『パスカルに於ける人間の研究』を書いた時分からいつも私の念頭を去らないのは、同じような方法で親鸞の宗教について書いてみることである。

パスカルを書いたと同じ方法で親鸞を書いてみることは、パスカルを書いた二十九歳の時から今にいたるまで彼の念頭をいつも去らない強い思いであるというのである。「同じ方法」でというのは、人間学的解釈学的方法でということであろうか。だが親鸞を三木が持ち続けているのは、ただ方法論的関心によることだけではない。『歎異抄』が彼の枕頭の書であるというのは、親鸞という信仰者が三木という人間の根底的な関心としてあり続けていたということである。それを〈宗教的関心〉としていうならば、三木とは根底に〈宗教的関心〉を持ち続けた哲学者であり、論説家でもあったということである。そしてこの三木によって、彼以外のだれもいうことのないような言葉がいわれるのである。「恐らく私はその信仰によって死んでゆくのではないかと思う」という言葉である。「その信仰」とは親鸞の絶対他力の信仰である。唐木の文章によって三木の獄死の実際をたどっていた私は、唐木が引く三木の回想的読書論中のこの言葉に接して衝撃を受けた。この文章は彼の獄中の死の四年前のものである。これはあたかも四年後の、「親鸞」を書き遺すようにして強いられた獄中における死を遂げる己れを予想していたかのようである。遺稿「親鸞」は彼の死と分かちがたい、彼の死を予め刻印するような文章だと私は思った。

三木が親鸞の信仰による己れの死について書いたのは四十四歳の時である。肉体的に健全である人間がこの年齢で自分の死について書くのは、いまの高齢社会からすれば異様であるだろう。だがすでに十代で死の決意を余儀なくされた昭和戦時期においてこのことは少しも異様ではない。むしろこれを異様ではないとした昭和戦前−戦中期という時代こそが根本的に異様なのであろう。この異様な昭和という時代の中に三木は、人間が「慈悲〈宗教〉の秩序」に至るべきことの必然をパスカルによる人間存在の解釈学的分析によって導きながら、昭和日本にヨーロッパ留学から帰ってきたのである。昭和戦前―戦時期という時代を風靡するような三木の社会的な言論的活動が始まっていく。だがその三木の心底にあのパスカルとともに親鸞を同じ方法をもって書きたいという願いはいつも持ち続けられていたのである。それは己れの死についての思いをいつも持ち続けていたことでもある。三木清とは死についての思いを生涯持ち続けていた哲学者であったと私は考えるのである。彼はみずからいうように宗教的人間なのである。

4　私は宗教的人間である

昭和五年（一九三〇）五月、三木は日本共産党に資金を提供したという嫌疑を受けて警視庁に検挙された。いったん釈放されたが、七月に起訴され十一月中旬まで豊多摩刑務所に拘留された。判決の結果は執行猶予となった。出所の三カ月ほど前に三木は担当の戸沢検事の求めに応じて手記をしたためて提出した。それが遺稿「親鸞」とともに『全集』第十八巻に載る「手記」である。「手記」の日付けは昭和五年九月三日となっている。この「手記」は事柄の性格上、三木のマルクス主義に対する自分の立場の弁明という性格をもっている。これを「転向」

の文章と見るかどうかは、読者の判断にまかせられることだが、ここにのべられているマルクス主義批判は三木の既存の公表された文章上にすでに見られることである。『全集』の解説者桝田啓三郎は、「手記」において三木は「その根本的な立場をいささかも歪曲したり虚飾したりすることなく、著者の哲学思想とマルクス主義哲学との異なりを率直かつ簡明に述べている」といっている。三木はこの「手記」の冒頭で、自分がマルクス主義者になることを不可能ならしめることの究極的な理由は、彼自身が「元来宗教的傾向をもった人間」であることにあるというのである。

先ず最初に云っておこう。私は元来宗教的傾向をもった人間である。私はこのことを単に断言するのでなく、私の著書『パスカルに於ける人間の研究』がそれに対する立派な証拠を与えている筈である。そこにはパスカルに対する私の解釈を通じて私の宗教的感情が流れている筈だ。そしてこの私の宗教的な気持ちこそが私を究極に於てマルクス主義者たることを不可能たらしめるところのものの一つである。

三木は己れ自身を宗教的人間だというのである。三木はそのことをこの「手記」では彼がマルクス主義者となることの不可能な理由としていっている。だが彼の愛着する『パスカルに於ける人間の研究』をその明白な証拠としていう宗教的人間であることの自己主張は、世間が彼に着せ、彼もまた被っていったものが仮装にすぎないことをいおうとしているようだ。三木は宗教的人間である己れ自身を内に抑えて生きざるをえなかった。彼が宗教的人間であることをもう一度、そして最終的に証明すべき「親鸞」論を、三木は遺稿として残さざるをえなかったのである。それはなぜか。そう問うことによって三木の読み直しが始まるのである。私はその第一歩を始めたにすぎない。

5 「親鸞」──末法時の歴史的自覚

三木は親鸞には無常感はないといっている。これは親鸞についての重要な指摘である。「無常感はそのものとしては宗教的であるよりも美的である」という三木は「どこまでも宗教的であった」親鸞を見出そうとする。宗教的である親鸞とは無常感よりも罪悪感としての自己意識を強くもつ親鸞である。「自己は単に無常であるのではない、煩悩の具わらざることのない凡夫、あらゆる悪を作りつつある悪人である」という自己意識をもつ親鸞である。この親鸞の自己意識は、現在を末法時とする歴史的自覚に深く結びついている。三木は正像末三法の歴史観と現在を末法時とする歴史意識をめぐって『教行信証』化身土巻によって詳しく説いている。末法をめぐる仏説的解説はすべて遺稿に譲って、ここでは人間における死を譬喩として末法をいう三木の説き方をめぐって見てみたい。
「現在の意識は現在が末法であるという意識である。死を現在に自覚し、いかにこれに処すべきかという自覚が人生の全体を自覚する可能性を与えるごとく、現在は末法であるという自覚が歴史の全体を自覚する可能性を与えるのである。」死は決して継続する生の中間点ではない。それは生の絶対的な終わりであり、終極点である。だが病気とは病みながらも生が継続される中間点を意味している。三木は末法を死の譬喩をもっていうのである。死を譬喩とする末法とは、したがって病める時代をいうのではない。絶対的な終わりの時代をいうのである。だから三木は、「末法思想は死の思想のごときものである。それは歴史に関する死の思想である」というのである。さらに三木は、「死は主体的に捉えられるとき初めてその問題性を残りなく現すごとく、末法思想も主体的に捉えられるとき初めてその固有の性格を顕わにするのである」という。

これは深刻な言葉である。末法を語ることは死を語ることだ。末法としての現在としての歴史意識を語ること、あるいは末法時における存在の自覚を語ることとは、人間における「死の思想」を語ることだと三木はいうのだ。昭和のこの今を末法時と自覚し、そしてその自覚を「死の思想」として語り出すことは、遺稿という形でのみ可能であったといいうるかもしれない。だが三木清とは死についての思いを生涯持ち続けていた哲学者ではなかったか。三木は彼の「死の思想」をすでに「人生論」として語り出しているのだ。私は三木の『人生論ノート』を、三木その人を読み直す上で最も重要な著述だと見ている。『人生論ノート』の第一章は「死について」であるのだ。いまここでの問題にも関連する文章を引いておこう。彼は死の絶対性の譬喩によって「過去」を、あるいは「伝統」を語ろうとしているのである。

「死は観念である。そして観念らしい観念は死の立場から生まれる。現実或いは生に対立して思想といわれるような思想はその立場から出てくるのである。」

「死の問題は伝統の問題につながっている。死者が蘇りまた生きながらえることを信じないで、伝統を信じることができるであろうか。」

「絶対的な伝統主義は、生けるものの生長の論理でなくて死せるものの生命の論理を基礎とするのである。過去は死に切ったものであり、それはすでに死であるという意味において、現在に生きているものにとって絶対的なものである。半ば生き半ば死んでいるかのように普通に漠然と表象されている過去は、生きているものにとって絶対的なものであり得ない。過去は何よりもまず死せるものとして絶対的なものである。」

これは『人生論ノート』という書名に引かれてこの頁を開いてみた読者を困惑させるような

文章であるだろう。「死について」という第一章の原名は「死と伝統」であった。過去〈あるいは伝統〉が現在にそのまま生きている至上の国体主義が横溢する時代に、過去は死にきっていることによって絶対的であることをいう三木の反時代的な「死の思想」がもつ根源的な批判性は、「人生論」として許され、「人生論」として読まれることでその意味を失ったのである。

三木は「過去」あるいは「伝統」が死にきったものとして、死とともに人間にとって絶対的であることをいう。死は絶対的であり、経験的な人間の生を超越する。死にきった「過去」とは、絶対的な、超越的な「過去」である。病み衰えながら、あるいは姿を変えて現在に生きている過去とは、過去ではないし、過去が今に生きているわけではない。そこには病み衰えた、変質した今があるだけである。では現在に絶対的な意味をもつ「過去」「伝統」とは何か。それは人間における「死」とともに絶対的で超越的な「過去」であり、「伝統」である。もしそれを「釈迦その人とその時代」といい、あるいは「大無量寿経の教法」というならば、『人生論ノート』の人生論的「死の思想」は遺稿「親鸞」の末法論的「死の思想」に直ちに結びついてくるだろう。私は昭和十三年〈一九三八〉の「死と伝統」という文章は、三木における親鸞的思考の深化の中で書かれたものだと思っている。

正法とは持戒の時代であり、像法は破戒の時代であり、末法とは無戒の時代である。無戒とは破戒以下である。破戒はなお守るべき戒法はある。無戒とはすでに戒法もない。「無戒者は戒法の存在すら意識しない。彼は平然として無慚無愧の生活をしている。無戒者は無自覚者である。」末法無戒の時代にあって、人は無戒であることに無自覚である。無戒の時に無戒に自覚的であることとは何か。それは可能なのか。「無戒は無戒としては無自覚である。かかる無自覚の状態は自覚的にならねばならぬ」という言葉は、親鸞に同一化した三木のものである。「無戒」において「無戒」であることの意味を問うこと、それは三木において「死」の絶対性において絶対的である「死」の意味を問うことであり、死にきった「過去」として「過去」の意味が問われることであった。昭和末法の時代における末法論的「死の思想」というべき三木独自の親鸞論はそこから展開される。

「無戒は持戒とともに破戒でないということにおいて、末法時は正法時に類似している。このことは末法時においては、持戒および破戒の時期である正法像法とは全く異なる他の教法がなければならぬことを意味する。」

この言葉は三木の次のような結論を導いていく。

「聖道門の自力教から絶対他力の浄土教への転換は親鸞によって末法の歴史的自覚に基づいて行われ、これによってこの転換は徹底され純化されたのである。」

三木はこの言葉を残して昭和二十年八月に豊多摩刑務所の獄中で、末法の時代を刻印するような無惨な死を遂げた。その死を知ることが、私の三木の遺稿「親鸞」の読み直しをうながした。私は三木の「親鸞」が読みなおされることを願っている。だがそれが本当に読み直され、三木の思念がわれわれに再生するかどうかは、この時代をわれわれの内においても、外においても根源的な転換が遂げられねばならない末法の時代として自覚するかどうかにかかっている。

※本稿は私の『歎異抄の近代』（白澤社、二〇一四）の三木清論を、姫路の山陽教区同朋会館で二〇一五年三月四日に行なわれた講演のために書き改めたものである。なお、本稿における三木らの著述からの引用にあたっては、漢字、かな遣いを現行のものに改めた。

〈注〉

（1）これらの主題による私の講義はいずれも単行本にまとめられて、刊行されている。『国家と祭祀』青土社、二〇〇四。『アジア」はどう語られてきたか』藤原書店、二〇〇三。『「近代の超克」とは何か』青土社、二〇〇八。『和辻倫理学を読む』青土社、二〇一〇。『日本人は中国をどう語ってきたか』青土社、二〇一二。『「歎異抄」の近代』白澤社、二〇一四である。

（2）「年譜」『三木清全集』第十九巻所載、岩波書店、一九六八。

（3）久野の「三木清年譜」は三木のパスカルについて、一九二四年（二十七歳）の欄で、「この冬ころ、ふとパスカルを手にし、心を捉えられてその研究に専念しはじめる」とだけ記している。一九二六年六月の処女作『パスカルに於ける人間の研究』（岩波書店）の出版も記すことはない。

一　親鸞

※本章は、『三木清全集第十八巻』（岩波書店）を底本とし、底本の載録方法に則して収録した。なお、掲載にあたって、旧字体は新字体に、旧仮名遣いは現代仮名遣いに変更した。

第一章　人間　愚禿の心

親鸞の思想の特色は、仏教を人間的にしたところにあるというようにしばしば考えられている。この見方は正しいであろう、しかしその意味は十分に明確に規定されることを要するのである。

親鸞の文章を読んで深い感銘を受けることは、人間的な情味の極めて豊かなことである。そこには人格的な体験が満ち溢れている。経典や論釈からの引用の一々に至るまで、悉く自己の体験によって裏打ちされているのである。親鸞はつねに生の現実の上に立ち、体験を重んじた。

そこには知的なものよりも情的なものが深く湛えられている。彼の思想を人間的といい得るのは、これに依るであろう。生への接近、かかる現実性、肉体性とさえいい得るものが彼の思想の著しい特色をなしている。しかしながら、このことから親鸞の宗教を単に「体験の宗教」と考えることは誤である。宗教を単に体験のことと考えることは、宗教を主観化してしまうことである。宗教は単なる体験の問題ではなく、真理の問題である。〔欄外 Emil Brunner, Erlebnis, Erkenntnis und Glaube, 1923.〕真理は単に人間的なもの、主観的なもの、心理的なものでなく、飽くまでも客観的なもの、超越的なもの、論理的なものでなければならぬ。もし宗教が単に体験に属するならば、それは単なる感情、いな単なる感傷に属することになるであろう。かくして宗教は真に宗教的なものを失って、単に美的なもの、文芸的なものと同じになる。親鸞の教えがともすればかくの如き方向に誤解され易いことに対して我々は厳に警戒しなければならない。もとより親鸞の思想の特色が体験的であること、人間的であること、現実的であることに存することは争われない。そこに我々は彼の宗教における極めて深い「内面性」を見出すのである。しかし内面性とは何であるか。内面性とは空虚な主観性ではなく、却って最も客観的な肉体的ともいい得る充実である。超越的なものが内在的であり、内在的なものが超越的であるところに、真の内面性は存するのである。

五濁悪世の衆生の　　選択本願信ずれば
不可称不可説不可思議の　　功徳は行者の身にみてり〔欄外 文集 40〕

或いは、

弥陀のちかひのゆへなれば
不可称不可説不可思議の
功徳はわきてしらねども
信ずるわがみにみちみてり〔欄外 小部集 229〕

という二種の和讃はこの趣を現わすであろう。

親鸞の文章には到る処懺悔がある。同時にそこには到るところ讃歎がある。懺悔と讃歎と、讃歎と懺悔と、つねに相応じている。自己の告白、懺悔は内面性のしるしである。しかしながら単なる懺悔、讃歎の伴わない懺悔は真の懺悔ではない。懺悔は讃歎に移り、讃歎は懺悔に移る、そこに宗教的内面性がある。親鸞はすぐれて宗教的な人間であった。懺悔と讃歎とは宗教の両面の表現である。〔欄外 Augustinus〕親鸞の文章からただ懺悔に属するもののみを取り出して、彼の宗教の人間的であることを論ずる者は、彼の思想を単に美的なもの、文芸的なものにしてしまうことであって、未だ宗教的人間の如何なるものであるかを知らざるものといわねばならぬ。親鸞における人間の問題はどこまでも宗教的人間の問題、宗教的人間の存在の仕方の問題でなければならぬ。懺悔は単なる反省から生ずるものではない。自己の反省から生ずるものは、それが極めて真面目な道徳的反省であっても、後悔というものに過ぎず、後悔と懺悔とは別のものである。〔欄外 後悔はそれぞれの行為、懺悔は全存在にかかわる。〕後悔は我の立場においてなされるものであり、後悔する者にはなお我の力に対する信頼がある。懺悔はかくの如き我を去るところに成立する。我は我を去って、絶対的なものに任せきる。そこに発せられる言葉はもはや我が発するのではない。自己は語る者ではなくて寧ろ聞く者である。聞き得るためには己れを空しくしなければならぬ。かくして語られる言葉はまことを得る。およそ懺悔はまことの心の流露であるべき筈である。しかるにまことの心になるということは如何に困難であるか。自己を懺悔する言葉のうちに如何に容易に他に対して却って自己を誇示する心が忍び込み、また如何に容易に罪に対して却って自己を甘やかす心が潜み入ることであるか。

浄土真宗に帰すれども
真実の心はありがたし

虚仮不実のわが身にて
清浄の心もさらになし〔欄外 文集57〕

と親鸞は悲歎述懐するである。煩悩の具わらざることのない自己が如何にして自己の真実を語り得るのであるか。自己が自己を語ろうとすることそのことがすでに一つの煩悩ではないか。親鸞が全生命を投げ込んで求めたものは実にこの唯一つの極めて単純なこと、即ち真実心を得るということ、まごころに徹するということであった。信仰というものもこれ以外にないのである。煩悩において欠くることのない自己が真実の心になるということは、他者の真実の心が自己に届くからでなければならぬ。そのとき自己の真実は顕わになる。われが自己の現実を語るのではなく、現実そのものが自己を語るのである。ここに知られる真実は冷い、単に客観的な真理ではない。この真実にはまごころが通っている。まごころは理性ではなくむしろ情のことである。我々は人間的真理を二と二との和は四であるという数学的真理を知ると同じように知ろうとするのではなく、またそれはそのように知られるものでもない。

親鸞の文章を読んでむしろ奇異に感じられることは、無常について述べることが少ないということである。これはとかく感傷的な宗教のように考えられている彼の思想においてむしろ奇異の感を懐かせることであるが、しかしこれが事実であり、また真実である。そしてそこに彼の思想の特殊な現実主義の特色が見出されるのである。

もとより諸行無常は現実である。そしてそれは仏教の出発点である。この世における何物も常住のものはない。すべては生成し消滅し変化する。かくして我々の頼みとすべき何物もないのである。生老病死は無常なる人生における現実である。かかる無常の体験が釈迦の出世間の動機であった。無常はさしあたり仏教の説ではなくて世界の現実である。常ないものを常あるものの如く思い、頼むべからざるものを頼みとするところに、人生における種々の苦悩は生ずる。無常は現実であると知りながら、その認識を徹底させることのできないところに人間の迷いがあり、苦しみがあるのである。かくして仏教は諸行無常の自然的な感覚を諸行無常の徹底した智慧にまで徹底自覚せしめようとするのである。かくして諸行無常はいわば前仏教的な体験から仏教的な思想にまで高められる。人間の現実を深く見詰め、仏教の思想を深く味わった親鸞に無常感がなかったとは考えられない。しかも彼はこの無常感にとどまることができなかったのである。何故であるか。

無常感はそのものとしては宗教的であるよりも美的である。果敢ないものは美しい。美には何か果敢なさというべきものがある。「あだし野の露きゆる時なく、鳥部山の烟立ちさらでのみ住みはつるならひならば、いかに物のあはれもなからん。世はさだめなきこそいみじけれ」

と『徒然草』の著者は書いている。〔欄外 徒然草第七段〕いつまでも生きてこの世に住んでいるということが人間のならいであったら、実に無趣味なものであろう。老少不定、我々の命がいつ終わるという規定の全くない世であるが、そこが非常に面白いのである、というのである。無常は美的な観照に融け込む。仏教は特に平安朝時代の文学においてその唯美主義と結び附き、かつこれに影響を与えたのである。かくして無常感は唯美主義と結び附いて出世間的な非現実主義となった。『方丈記』の著者の如きもその著しい例である。

これに対して親鸞はどこまでも宗教的であった。宗教的であった彼は美的な無常思想にとどまることができなかった。次に彼の現実主義は何よりも出家仏教に満足しなかった。無常思想は出世間の思想と結び附く。これに対して彼の思想の特色は在家仏教にある。無常の思想はもとより単に美的な観照にとどまるものではない。それはしかしより高い段階においても観想に結び附く。芸術的観照から哲学的観想に進む。仏教における無常の思想は我々をここまでつれてくる。しかし美的な観照も哲学的な観想も観想として非実践的である。これに対して親鸞の思想はむしろ倫理的であり、実践的である。浄土真宗を非倫理的なものの如く考えるのは全くの誤解である。親鸞には無常の思想がない。その限りにおいても彼の思想を厭世主義と考えることはできない。

親鸞においては無常感は罪悪感に変っている。自己は単に無常であるのではない、煩悩の具わらざることのない凡夫、あらゆる罪を作りつつある悪人である。親鸞は自己を愚禿と号した。「すでに僧にあらず俗にあらず、このゆへに禿の字をもて姓とす」〔欄外1625〕といっている。承元元年、彼の三十五歳のとき、法然ならびにその門下は流罪の難にあった。親鸞もその一人として僧侶の資格を奪われて越後の国府に流された。かくして、すでに僧にあらず、しかしまた世の生業につかぬゆえ俗にあらず、かくして禿の字をもって姓とする親鸞である。しかも彼はこれに愚の字を加えて自己の号としたのである。〔欄外61〕愚は愚癡である。すでに禿の字はもと破戒を意味している。かくして彼が非僧非俗破戒の親鸞と称したことは、彼の信仰の深い体験に基づくのであって、単に謙遜の如きものではない。それは人間性の深い自覚を打ち割って示したものである。

賢者の信をききて、愚禿が心をあらはす。
賢者の信は、内に賢にして外は愚なり。
愚禿が心は、内は愚にして外は賢なり。〔欄外 文集233〕

と『愚禿鈔』に記している。

外には悟りすましたように見えても、内には煩悩の絶えることがない。それが人間なのである。すべては無常と感じつつも、これに執著して尽きることがない。それが人間なのである。弥陀の本願はかかる罪深き人間の救済であることを聞信している。しかも現実の人間は如何なるものであるか。

「まことに知んぬ、かなしきかな愚禿鸞、愛欲の広海に沈没し、名利の大山に迷惑して、定聚のかずにいることをよろこばず、真証の証にちかづくことをたのしまざることを、はづべし、いたむべし。」〔欄外894〕

罪悪の意識は如何なる意味を有するか。機の自覚を意味するのである。機とは何であるか。機とは自覚された人間存在である。かかる自覚的存在を実存と呼ぶならば、機とは人間の実存にほかならない。自覚とは単に我れが我れを知るということではない。我れは如何にして我れを知ることができるか。我れが我れを知るというとき、我れは我れを全体として知ることがない。なぜなら、我れが我れを知るという場合、知る我れと知られる我れとの分裂がなければならず、かように分裂した我れは、その知られる我れとして全体的でなく却って部分的でなければならぬ。従ってその場合、自覚的な我れよりもむしろ主客未分の、従って無意識的な、無自覚的な我れが、従って知的な、人間的な我れよりも、実践的な、動物的な我れが却って全体的な我れであるとも云い得るであろう。

機という字は普通に天台大師の『法華玄義』に記すところに従って、微・関・宜の三つの意味を有するとされている。それは先ず第一に機微という熟字に見られる如く微の意味を有する。弩に発すべき機がある故に、射る者これを発すれば直ちに箭が動く。未だ発現しないで可能性としてかすかに存するすがたが微であり、機である。可能的なものは未だ顕わではなく含蓄的に微かに存するのである。しかし可能的なものがひとりでに現実的になるのではない。弩が機発するのは射る者があってこれを発するからである。〔欄外 弩に可発の機がなければ、如何にこれを発しようとしても発し得ないであろう。衆生にまさに生ぜんとする善がある故に仏が来りて応ずれば即ち善生ず。応は赴の義。〕しかしこの可能性は単に静的に含蓄的であるということではない。機は動の微、きざしである。将に動こうとして、将に生ぜんとして、機である。〔欄外 教法化益によりて発生さるべき可能性あるもの。〕第二に、機は機関という熟字に見られる如く関の意味を有する。関とは関わる、関係するということであって、一と他とが相対して相関わり、相関係することである。衆生に善あり悪あり、共に仏の慈悲に関する故に、機は関の意味を有するのであり、即ち教法化益に関係し得るもの、その対者たり得るものの意である。もし衆生がなければ、仏の慈悲も用いるに由なく、衆生ありてまさに慈悲の徳も活くことができる。応は対の義。一人は売ろうとし、一人は買おうとし、二人相対して貿易のことがととのう如く、〔欄外 主客相合うて売買が成立つ。〕衆生は稟けようとし、仏は与えようとし、相会うところで摂化済度のことが成るのである。これが喰い違うと摂化のことはととのわない。〔欄外 須宜〕そこで第三に、機は機宜という熟字に見られる如く、宜の意味を有している。関係するものの間に丁度相応した関係があることをいう。例えば函と蓋とが、方なれば方、円ければ円、恰好相応して少しもくいちがいのないように、無明の苦を抜かんと欲せば、正しく悲に宜しく、法性《さとり》の楽を与えんと欲せば、正しく慈に宜し。衆生に苦あり、恰も仏の抜苦の悲に宜しく、衆生に楽なし、恰も仏の与楽の慈に宜しく、仏の慈悲はよく衆生に相応しているのである。機は教法化益を施すに便宜あるものの意。かくして機と教、機と法とは相対する、両者の関係は動的歴史的。

その機は何等かの根性を有する故に根機と称せられる。一切の衆生、過去・現在の因縁宿習を異にし、その面貌の異る如く、その根性別なり、〔欄外 善悪智愚の別〕従って教法を蒙るべき機として千差万別なり、しかるに教法化益もし機に乖けば、その益あることなし、故に仏は千差の方便を尽し、万別の教法を施せり。性得の機。機は可発の義で、衆生の心に法をうくべききざしあること。

時機——機の歴史性、

『大無量寿経』は

「時機純熟の真教」なり。〔欄外 教 141〕末代に生れた機根の衰えた衆生にとってまことにふさわしい教である。時機相応。聖道自力の教は機に合わずして教果を収めることができぬ。浄土他力の一法のみ時節と機根に適している。

機と性との区別　動的と静的。〔欄外 教 259 文集 242 愚禿鈔〕

○時機相応

「まことに知んぬ、聖道の諸教は、在世正法のためにして、またく像末法滅の時機にあらず、すでに時をうしなひ、機にそむけるなり。浄土真宗は在世正法、像末法滅、濁悪の群萠、ひとしく悲引したまふをや。」〔欄外 教 1452〕

「もし機と教と時とそむけば、修しがたく、入りがたし。」『安楽集』に依る。〔欄外 教 1461〕

「当今は末法にして、これ五濁悪世なり。ただ浄土の一門のみありて通入すべき路なり。」『安楽集』に依る。〔欄外 教 1463〕

「その機はすなはち一切善悪大小凡愚なり」〔欄外 教 481〕

○悪人正機

「これも悪凡夫を本として善凡夫を傍に兼ねたり。かるが故に傍機たる善凡夫なを往生せば、まはら正機たる悪凡夫いかでか往生せざらん。しかれば善人なをもて往生す、いかにいはんや悪人をやといふべしとおほせごとありき」『口伝鈔』第十九章　聖典 342

「善人なをもて往生をとぐ、いはんや悪人をや。しかるを世のひとつねにいはく、悪人なを往生す、いかにいはんや善人をやと。この条一旦そのいはれあるににたれども、本願他力の意趣にそむけり。そのゆへは、自力作善のひとは、ひとへに他力をたのむこころかけたるあひだ、弥陀の本願にあらず。しかれども自力のこころをひるがへして、他力をたのみたてまつれば、真実報土の往生をとぐるなり。煩悩具足のわれらは、いづれの行にても生死をはなるることあるべからざるをあはれみたまひて、願をおこしたまふ本意、悪人成仏のためなれば、他力をたのみたてまつる悪人、もとも往生の正因なり。よて善人だにこそ往生すれ、まして悪人はと、おほせさふらひき。」『歎異鈔』三章文集191

〔別稿2〕

第一部　宗教的意識の展開

第一章　人間性の自覚と宗教

第一節　緒論

親鸞の思想は深い体験によって滲透されている。これは彼のすべての著作について、『正信偈』や『和讃』のごとき一種の韻文、また仮名で書かれたもろもろの散文のみでなく、特に彼の主著『教行信証』についても言われ得ることである。『教行信証』はまことに不思議な書である。それはおもに経典や論釈の引用から成っている。しかもこれらの章句が恰も親鸞自身の文章であるかの如く響いてくるのである。いわゆる自釈の文のみでなく、引用の文もまたそのまま彼の体験を語っている。『教行信証』全篇の大部分を占めるこれらの引文は、単に自己の教の典拠を明かにするために挙げられたのではなく、むしろ自己の思想と体験とを表現するために借りてこられたのであるとすれば、その引文の読み方、文字の加減などが原典の意味に拘泥することなく、親鸞独自のものを示しているのは当然のことであろう。『教行信証』は思索と体験とが渾然として一体をなした稀有の書である。それはその根柢に深く抒情を湛えた芸術作品でさえある。実に親鸞のどの著述に接しても我々を先ず打つものはその抒情の不思議な魅力であり、そしてこれは彼の豊かな体験の深みから溢れ出たものにほかならない。

かようにして屡々なされるように、彼の教を体験の宗教として特色附けることは正しいであろう。しかしその意味は厳密に規定されることが必要である。宗教を単に体験と解することは宗教から本質的に宗教的なものを除いて「美的なもの」にしてしまう危険を有している。実際、親鸞の教において体験の意義を強調することからそれを単に「美的なもの」にしてしまっている例は決して尠くはないのである。親鸞はすぐれて宗教的人間であった、彼の体験もまたもとより本質的に宗教的である、ところで宗教的体験の特色は「内面性」にある。親鸞の体験の深さはその内面性の深さである。彼の抒情の深さというものもかくの如き内面性の深さにほかならない。

〔別稿3〕

第一章　人間性の自覚

一

親鸞の思想は深く人間性の自覚に根差している。どこまでも生の現実に即いているところに彼の教の特色がある。彼にとって生の自覚は法の自覚と密接に結び付いている。

二

人生の経験において我々の心を打つものは無常である。世の中のものは移り変って、常のものといっては何ひとつない。すべては時の流に現われては過ぎてゆく。この事実が無常と呼ばれる。この事実を仏教では「諸行無常」といっている。しかしこの事実はむしろ仏教以前のものであり、さしあたり我々の生の体験そのものに属している。我々は人生の行路において或いは災禍に見舞われ、或いは病気に襲われ、或いは近親の死に会する、そして我々は無常を感じる。この無常感はひとを仏道に入らせる動機である。ひとは生の体験において仏教の説くところが真実であることを理解するのである。我々の無常感はもとより仏教の影響によって強められ、深められてきたであろう。しかし無常は我々の原始的な体験に属し、仏教にとつてその説の出てくる基礎経験である。仏教は生の現実におけるこの基礎経験から出てこれを思想にまで高めたのである。仏教が無常の体験から出発したということは釈迦の出家の動機として伝えられる物語によっても知られるであろう。太子悉達多は老人、病者、死者を見て世間の無常を感じ出家するに至ったといわれている。我々の生において原始的に経験される無常感は仏教によって教説にまで高められた。

かやうにして「一切の行は無常なり」とは仏教が最初に掲げる教条である。行とは有為法をいい、有為法とは造られたものを意味する。一切の有為法はもろもろの因縁によって造られたものとして移りゆくものである故に行といわれる。もろもろの因縁によって造られたすべてのものは生滅変化するもの、時間的に存在するもの、即ち無常のものである。無常は一切の有為法のすがたである。このすがた、即ち有為のものの有為相は生と滅との二つの相に分たれる。あらゆるもの（行）は生じ、そして滅するものとして無常である。しかしそれはまた三つの相に分たれることができる。それはまず始めを有し（起）、次に変易し（異）、そして遂に滅する（盡）。起と異と盡とは無常のものの移りゆく三つのすがたである。しかしそれはまた生と住と異と滅との四つに分たれた。或るもの生じ（生）、生じおわってその或るものとして止まり（住）、やがて変じ（異）、ついで亡びる（滅）のである。ところで仏教に依ると、ものが無常であるのは、ものが因縁によって生じたものである故である。無常は仏教の根本思想である縁起説の帰結である。縁起説の深い意味はものの無常のすがたにおいて体験的現実的に理解されることができるであろう。

我々は世間の一切のものが無常であることを感じる。山も河も、草も木も、人も家も、無常ならぬものはない。「行く川のながれは絶えずして、しかももとの水にあらず。よどみに浮ぶうたかたは、かつ消えかつ結びて、久しくとどまることなし。世の中にある人と住家と、またかくの如し。玉敷の都の中に、棟を並べ甍を争へる、尊き卑しき人の住居は、代々を経てつきせぬものなれど、これをまことかと尋ぬれば、昔ありし家は稀なり。或は去年破れて今年は造り、あるは大家滅びて小家となる。住む人もこれにおなじ。処もかはらず、人もおほかれど、いにしへ見し人は、二三十人が中に、僅に一人二人なり。朝に死し、夕に生るるならひ、ただ水の泡にぞ似たりける。知らず、生れ死ぬる人、何方より来りて、何方へか去る。又知らず、仮の宿、誰が為に心をなやまし、何によりてか目を悦ばしむる。その主人と住家と、無常を争ひ去るさま、いはば朝顔の露に異ならず。或は露おちて花残れり。残るといへども朝日に枯れぬ。或は花は萎みて露なほ消えず。消えずといへどもゆふべを待つことなし。」親鸞とほぼ同時代の人鴨長明はかくの如く世間無常を叙している。我々の住む世界も我々自身も共に無常である。仏教によると、依報である世間も正報である世間も、世間はすべて無常である。正報とは衆生をいい、依報とは衆生がそれに藉って住む世界をいう。我々はつねに世界に依って生きている。この国土、この家、この衣服、この椅子を除いて我々の生活は考えられない。かかる世界は我々にとって道具の意味を有している。仏教ではかくの如き世界を「器世間」と称している。依報というのはかかる器世間にほかならない。世間には衆生世間と器世間との二種世間があり、正報と依報とに相当する。器世間に属すると考えられるのは、花瓶とか茶碗とかの如き普通にいう道具のみでなく、家の如きものも、また庭園、更に国土という如き普通に自然といわれるものもまたこれに属している。器とは「衆生の受用する所なるが故に名づけて器となす」といわれている。*1

我々の生によって関心され、生と交渉するものとして自然も器の意味を有する。それはもとより自然科学的に見られた自然、すなわち単に客観的に対象的に捉えられた自然ではない。山や河、草や木の如きものも我々が生の関心において受用するものとして家屋や家具と同じく我々にとって道具の性格を有するであろう。自然も我々の生に欠くことのできぬ要素であり、生の連関のうちにその契機として入っている。衆生世間と器世間とは一つの世間に結び付き、主体とその環境というように密接に連関するのである。そしてまさにかくの如く我々によって関心され、受用されるものとして我々の住む世界のものは無常と考えられる。無常は単なる変化と同じではない。私が庭前に見る花は純粋に客観的に見る場合にも変化する。しかしかように見る場合、私はその変化において何ら無常を感じないであろう。どのような生滅変化も、単に客観的な自然必然的な過程として把握される限り、無常感を惹き起すものではない。庭前の花は単なる花としてではなく、愛らしい花、驕れる花、淋しい花として、要するに生の関心によって性格づけられた花として、その散りゆくのを見て我々は無常を感じるのである。単に必然的な変化は無常ではない。もとより単に偶然的なものもまた無常とは考えられない。我々はその生滅変化が必然的であるものにおいて無常を感じるのである。しかしそれは自然必然性ではなく、むしろ運命必然性である。自然必然性が単なる必然性であるに反して、必然的なものが同時に偶然的であり、偶然的なものが同時に必然的であるところに、運命あるいは宿命といわれる必

*1 『往生論証』巻下

然性がある。

歴史の自覚

一

人間性の自覚は親鸞において歴史の自覚と密接に結び附いている。彼の歴史的自覚はいわゆる末法思想を基礎としている。末法思想は言うまでもなく仏教の歴史観である正像末三時の思想に属している。我々は先ずこの歴史観がいかなるものであるかを見よう。

正像末三時の思想は、仏滅後の歴史を正法、像法、末法の三つの時代に区分する歴史観である。この三時の際限に関しては、末法は正像の後一万年とすることは諸説の一致するところであるが、正像の二時については、或は正法五百年像法千年といい、或は正法千年像法五百年といい、或は正法五百年像法五百年といい、或は正法千年像法千年といって、一定しないが、親鸞は正法五百年像法一千年末法一万年の説を採った。『教行信証』化身土巻には道綽の『安楽集』を引いて次の如く記されている。「経の住滅を弁ぜば、いはく釈迦牟尼仏一代、正法五百年、像法一千年、末法一万年には衆生減じつき、諸経ことごとく滅せん。如来、痛焼の衆生を悲哀して、ことにこの経をとどめて、止住せんこと百年ならん。」〔欄外 1463〕ここでは経に就き、三時を通じて残るものと滅びるものとが弁別される。末法一万年において、諸経は悉く滅びるであろうが、かかる法滅の後においても、特にこの経、すなわち『大無量寿経』は、この世に留まること百歳、かくてまた無量歳に至るであろう。経は教を伝えるものである。正像末の三時はまさに教と行と証とに関して区分されているのである。この歴史観はもと時を隔てるにつれて釈迦如来の感化力が次第に衰えてゆくことを示すものであろうが、この過程は教行証の三法を原理とする時代区分として理論化された。仏滅後の初めの時代には教と行と証とが共に存在する。教法は世にあり、教をうける者は能く修行し、修行するものは能く証果を得る。これを正法と名づける。正とはなお証のごとしといわれ、証があるということが第一の時代の特色である。次に像法というのは、像とは似なりといわれ、この時代には教があり、行があって、正法の時に似ている。教法は世にとどまり、教をうける者は能く修行するが、しかし多くは証果を得ることができない。教行は存するが、証は存しない。これを像法と名づける。第三の末法の時においては、教法は世に垂れ、教をうける者が存しても、能く修行することができず、証果を得ることができない。ただ教のみあって、行も証も共になくなる。末とは微なりといわれ、教があってもないが如くであるから、末法と称せられるのである。これら三時を過ぎて教法すらない時期は「法滅」と呼ばれている。かくの如く正像末の思想は教行証の三法を根拠として時代の推移を考える歴史観であることが知られる。

ところで親鸞は『教行信証』の同じ箇所でまた『安楽集』に依って、仏滅後の時代を五百年ずつに区分する『大集月蔵経』の説を採り上げている。「大集月蔵経にのたまはく、仏滅度ののちの第一の五百年には、わがもろもろの弟子、慧を学すること堅固なることをえん。第二の五百年には、定を学すること堅固なることをえん。第三の五百年には、多聞読誦を学すること堅固なることをえん。第四の五百年には、塔寺を造立し、福を修し、懺悔すること堅固なることをえん。第五の五百年には、白法隠滞して、おほく諍訟あらん。すこしき善法ありて堅固なることをえん、と。」わが伝教大師の作と考えられた『末法燈明記』もこの説を採っており、『教行信証』に引用されているところである。〔欄外 1473〕ここでは、最初の五百年は解脱堅固、次の五百年は禅定堅固、次の五百年は多聞堅固、次の五百年は造寺堅固、後の五百年は闘諍堅固にして白法隠没するの時として、特色づけられる。すなわち、初めの三期の五百年は、次第して、戒と定と慧の三学が堅固にとどまる時であり、なかに第一の五百年は正法、次の二期の五百年は像法一千年に当り、これら三期の五百年の後には戒定慧は存しなくなる。第四の造寺堅固の五百年以下は末法に属し、中でも第五の五百年の闘諍堅固というのは、多くの人々がたたかい、あらそい、堅くこれを執って捨てることなく、あらそいやたたかいが盛んなことを意味するのである。

ところで正像末史観の有する意義は、『安楽集』の著者にとっても、『末法燈明記』の著者にとっても、この史観、この教、すなわち三時教を根拠として、自己の属する時代、この現在がいかなるものであるかを、いな、この現在がまさに末法に属することを理解するに存した。かくて道綽は、右に記した如く五期の五百年を区分した後、「今の時の衆生をはかるに、すなはち仏、世を去りてのちの第四の五百年にあたれり」〔欄外 1461〕といって、その時代がまさに末法に入っていることを記している。また『末法燈明記』の著者は、正法五百年像法一千年の後は末法に属すると述べた後、「問ふ、もししからば今の世はまさしくいづれの時にかあたれるや。答ふ、滅後の年代おほくの説ありといへども、しばらく両説をあぐ。一には法上師等、周異記によりていはく、仏、第五の主、穆王満五十三年壬申にあたりて入滅したまふ。もしこの説によらば、その壬申よりわが延暦二十年辛巳にいたるまで、一千七百五十歳なり。二には費長房等、魯の春秋によらば、仏、周の第二十の主、匡王班四年壬子にあたりて入滅したまふ。もしこの説によらば、その壬子よりわが延暦二十年辛巳にいたるまで一千四百十歳なり。かるがゆへに今の時のごときはこれ最末の時なり。かの時の行事すでに末法に同ぜり。」と論じている。そして親鸞は第一の説に依って現在〔元仁元年〕を算定していう、「三時教を按ずれば、如来般涅槃の時代をかんがふるに、周の第五の主穆王五十三年壬申にあたれり。その壬申よりわが元仁元年甲申にいたるまで、二千一百八十三歳なり。また賢劫経、仁王経、涅槃経等の説によるに、すでにもて末法にいりて六百八十三歳なり。」仏滅の年については今日においても種々の異説がある。右の年代計算が正確であるか否かは、いま我々にとって重要ではない。正像末史観は親鸞において歴史の単に客観的に見られた時代区分として把握されたのではなく、主体的に把握されたのである。従って問題は本来どこまでも自己の現在であったのである。現在が問題になることからして我々は過去の歴史が如何にあったかを知ろうとする。しかも現在が真に問題になるのは、何を為すべきかが、従って未来が問題になってくることによってである。現在の意識は現在が末法であるという意識である。死を現在に自覚し、いかにこれに処すべきかという自覚が人生の全体を自覚する可能性を与える如く、現在は末法であるという自覚が歴史の全体を自覚する可能性を与えるのである。

現在が末法の時であるという意識は親鸞にとって正像末三時の教説によって、単に超越的に、与えられたものではない。それは彼の時代の歴史の現実そのものの中から生じたものである。彼の時代は政治的動揺の激しく、戦乱の打ち続いた時代であった。宗教界もまた決して平穏ではなかった。承元の法難には親鸞も連累した。この事件において彼の師法然は土佐に流され、彼自身は越後に流された。いわゆる「闘諍堅固」は彼にとって切実な体験であった。何よりも彼の心を痛めたのは高潔であるべき筈の僧侶の蔽い難い倫理的頽廃であった。時代の歴史的現実わけても宗教界の状態は、真面目な求道者をしてもはや世は末であるということを感じさせずにはおかなかったであろう。末法思想は鎌倉時代の仏教の著しい特色をなしている。それはこの時代における宗教改革の運動、新宗教の誕生にとって共通の思想的背景となっている。法然や親鸞、日蓮は言うまでもなく、栄西や道元の如きも何等か末法思想を懐いていた。法然上人の反対者であった明恵上人や解脱上人の如きですら末法思想を持っていた。ただ、末法時をいかに見るか、また如何にこれに処すべきかに就いては、これらの人々の見解は一様ではなかった。

正像末史観の重心は末法にある。それは末法史観にほかならない。親鸞の『正像末法和讃』を見るに、その五十八首の悉くが末法に関係して、正法像法をそれ自身として歌ったものは一つもない。末法は未来に属するのではなく、まさに現在である。この現在の関心において過去の正法時及び像法時も初めて関心の中に入ってくるのである。現在がまさに末法時であるというところから浄土は未来に考えられることになる。彼はどこまでも深く現在の現実の自覚の上に立った。徒らに過去の理想的時代を追うことは彼のことではなかった。

釈迦如来かくれましまして
二千余年になりたまふ
正像の二時はおはりにき
如来の遺弟悲泣せよ

釈尊はすでに入滅した、現在の我々はもはや釈尊に遺され捨てられてしまったのであると彼は嘆き悲しむのである。徒らに過去を追うべきではない。また徒らに未来を憧れるべきではない。遠い未来に出現すべしと伝えられた弥勒に頼ることもやめねばならぬ。

五十六億七千万
弥勒菩薩はとしをへん
まことの信心うるひとは
このたびさとりをひらくべし

現在のこの現実が問題である。釈迦はすでに死し、弥勒は未だ現われない。今の時はいわば無仏の時である。過去の理想も未来の理想も現在において自証されない限り意味を有しない。現在の現実の自覚における唯一の真実は現在がまさに末法の時であるということである。

時代の歴史的現実の深い体験は親鸞に自己の現在が救い難い悪世であることを意識させた。しかも彼のこの体験を最もよく説明してくれるものは正像末の歴史観である。正像末三時の教説は歴史の現在の現実においてその真理性の証明を与えられている。この歴史観は歴史の過程をいかに描いているか。『末法燈明記』には次の如く記してある。「問ふ、もししからば、千五百年のうちの行事いかんぞや。答ふ、大術経によるに、仏涅槃ののち、はじめの五百年には、大迦葉等の七賢聖僧、次第に正法をたもちて滅せず、五百年ののち、正法滅尽せんと。六百年にいたりて、九十五種の外道きほひおこらん。馬鳴、世にいでて、もろもろの外道を伏せん。七百年のうちに、竜樹、世にいでて、邪見の幢をくだかん。八百年において、比丘縦逸にして、わづかに一二、道果をうるものあらん。九百年にいたりて、奴を比丘とし、婢を尼とせん。一千年のうちに、不浄観を聞〔欄外 開?〕かん、瞋恚して欲せじ。千一百年に、僧尼嫁娶せん、僧毘尼を毀謗せん。千二百年に、諸僧尼等ともに子息あらん。千三百年に、袈裟変じて白からん。千四百年に、四部の弟子みな猟師のごとし、三宝物を売らん。ここにいはく、千五百年に拘睒弥国にふたりの僧ありてたがひに是非を起してつゐに相殺害せん。よりて教法竜宮におさまる。涅槃の十八および仁王等にまたこの文あり。これらの経文に准ずるに、千五百年ののち戒定慧あることなし。」諸種の経文は、釈迦の死後、やがて正法が滅び、戒を持する者がなくなるであろうと言っている。かくて「たとへば獵師の身に法衣をきるがごとし」といい、或は「妻を蓄へ子を挾む」といい、また或は「おのれが手に児のひぢをひき、しかもともに遊行して酒家より酒家にいたらん。」〔欄外 1500〕といっている。これらの言葉において親鸞は彼の時代、その宗教界の現実に引合せて、これに対する厳しい批判を認めざるを得なかった。経典の言葉は末法時を告げて予言的な真理性を有している。彼は自己の体験を顧みて、この真理性に驚き、かつこの真理性を畏れずにはいられなかったであろう。正直に現実を見るとき、「たとひ末法のなかに持戒のものあらば、すでにこれ怪異なり。市に虎あらんがごとし。これたれか信ずべきや。」〔欄外 1484〕といわざるを得ないであろう。

正法五百年は大迦葉等の七賢僧の時代であり、それは小乗教の時代である。馬鳴及び竜樹によって代表される次の像法時代は大乗教特に自力教の時代である。八百年以後の記述は大乗教が次第に衰えて、やがて末法の時代に至ることを述べている。

もとより親鸞は末法の教説において時代に対する単に客観的な批判を見出したのではない。彼は決して単なる理論家、傍観者ではなかった。末法思想は彼においてあくまでも主体的に把握された。歴史を単に客観的に見てゆくことからは、そもそも末法思想の如きものは生れないであろう。ただ客観的に見てゆけば、歴史における進歩といい退歩といっても、要するに相対的であり、進歩と退歩とは単に程度上のことで、進歩の反面には退歩があり、また退歩の反面には進歩があると云うことができる。末法思想は死の思想の如きものである。それは歴史に関する死の思想である。死は主体的に捉えられるとき初めてその問題性を残りなく現わす如く、末法思想も主体的に捉えられるとき初めてその固有の性格を顕わにするのである。正像末の歴史観は親鸞にとって客観的な歴史叙述の基礎として取り上げられたのではない。「釈迦如来かくれましまして、二千余年になりたまふ　正像の二時はおはりにき　如来の遺弟悲泣せよ。」〔欄外42〕と親鸞は『正像末和讃』にいっている。単なる批判ではなくて悲泣である。救い難い現実が身にしみて歎き悲しまれるのである。

次に親鸞にとって正像末の教説は、単に時代に対する批判であるのみではなく、むしろ何よりも自己自身に対する厳しい批判を意味した。批判されているのは自己の外部、自己の周囲ではなく、却って自己自身である。「浄土真宗に帰すれども　真実の心はありがたし　虚仮不実のわが身にて　清浄の心もさらになし。」と彼はかなしみなげくのである。自己を「底下の凡愚」と自覚した彼は十六首からなる『愚禿悲歎述懐』を作ったが、我々はこれが『正像末和讃』の一部分であることに注意しなければならぬ。すなわち彼は時代において自己を自覚し、自己において時代を自覚したのである。

ところで自己を時代において自覚するということは、自己の罪を時代の責任に転嫁することによって自己の罪を弁解することではない。時代はまさに末法である。このことはまた時代の悪に対する弁解ではない。時代を末法として把握することは、歴史的現象を教法の根拠から理解することであり、そしてこのことは時代の悪を超越的な根拠から理解することであり、そしてこのことは時代の悪をいよいよ深く自覚することである。かくてまた自己を時代において自覚することは、自己の罪を末法の教説から、従ってまたその超越的根拠から理解することであり、かくして自己の罪をいよいよ深く自覚することである。いかにしても罪の離れ難いことを考えれば考えるほど、その罪が決してかりそめのものでなく、何か超越的な根拠を有することを思わずにはいられない。この超越的根拠を示すものが末法の思想である。

諸種の経文は末世においては正法が滅んで戒を持するものがないことを述べている。すでに正法が滅び、戒法がなくなっている以上、この時代にはもはや「破戒」ということすらない。なぜなら戒法があって破戒ということがあるのであって、破るべき戒法がなければ破戒のあろう筈はないのである。従ってこの時代の特徴は破戒ではなく、まして持戒ではなく、却って「無戒」である。『末法燈明記』には次の如くいわれている。「しかればすなはち末法のなかにおいては、ただ言教のみありて、しかも行証なけん。もし戒法あらば破戒あるべし。すでに戒法なし、いづれの戒を破るによりてか、しかも破戒あらんや。破戒なほなし、いかにいはんや持戒をや。かるがゆへに大集にいはく、仏涅槃ののち無戒くににみたんと。」像法の季、末法の時代は無戒の時代である、持戒の比丘はなくなり、いわゆる無戒名字の比丘、すなわち鬚を除り髪を剃って身に袈裟を着けてはいるが戒を持することのない名ばかりの僧侶になる。僧侶であって肉食妻帯するものが現われるであろう。しかしこれを単純に破戒と見て非難攻撃することは時代のいかなるものであるかを知らないものである。破戒と無戒とは同じでないことを考えなければならぬ。

一方無戒は破戒以下である。破戒者は戒法の存在することを知っており、戒法の畏敬すべきことを知っておりさえするであろう。かくして彼は時には懺悔することもあるであろう。しかるに無戒者は戒法の存在すら意識しない。彼は平然として無慚無愧の生活をしている。無戒者は無自覚者である。「非僧非俗」と称した親鸞は自己の身において無戒名字の比丘を見た。そして非僧非俗の親鸞はみずから「愚禿」と名乗ったのである。彼は「愚が中の極愚、狂が中の極狂、塵禿の有情、低下の最澄」といった伝教大師の言葉に深い共鳴を感じた。無戒は破戒以下である。このことがまず自覚されねばならぬ。親鸞は例えば肉食妻帯を時代の故に当然であるとして弁護しようとはしなかったであろう。むしろ彼はこれを慚愧に堪えぬことと考えたに相違ない。しかるに無戒は無戒としては無自覚である。かかる無自覚の状態は自覚的にならなければならぬ。無戒が無自覚である場合、無戒は破戒でないという理由でこれを弁護することは、禽獣の生活を人間の生活よりも上であるとすることに等しいであろう。無戒はいかにして自覚的になるのであるか。無戒の根拠を自覚することによってである。しかるにこの根拠は正像末の歴史観にほかならない。無戒という状態の成立の根拠は末法時であるということである。しかるに末法の自覚は必然的に正法時の自覚を喚び起す。これによって正像末の歴史観が成立する。そして正法時の回想は自己が末法に属する悲しさをいよいよ深く自覚させるのである。無戒は破戒以下であるということ、破戒の極限であるということが自覚される。しかも正法時を回想するにしてもそしていかにこれに合致しようとするにしても、自己が末法に属することはいかにもなし難い。「正法の時機とおもへども　底下の凡愚となれる身は　清浄真実のこころなし　発菩提心いかがせん」という和讃は、この意味を詠じたものであるであろう。無戒が破戒以下であることが自覚されねばならぬ。

「しかれば穢悪濁世の群生、末代の旨際をしらず、僧尼の威儀をそしる。今の時の道俗、おのれが分を思量せよ。」〔欄外 1464〕と親鸞はいっている。

末代の道俗

しかし他面、無戒は破戒と同じではない。末法時の特徴は破戒でなくて無戒であり、破戒はむしろ像法時の特徴である。正法、像法、末法は、順を追うて、持戒、破戒、無戒としてその特徴を規定することができるであろう。無戒は持戒と共に破戒でないということにおいて、末法時は正法時に類似している。このことは末法時においては、持戒及び破戒の時期である正法像法とは全く異なる他の教法がなければならぬことを意味する。このとき教法と考えられるものは正法時、従ってまた像法時とは全く別の、むしろ逆のものでなければならぬ。末法が無戒であるということは、この時代においてかくの如き他の教法が現われねばならぬことを意味する。無戒の末法は教法のかくの如き転換を要求する。無戒の時はまさに無戒として従来の教法がその歴史的意義を喪失してしまったことを意味するのである。かくして自力教から他力教への、聖道教から浄土教への転換は、無戒時というものによって歴史的に必然である。もし単に持戒と破戒とのみであるならば、かかる転換の必然性は考えられない。そのときには破戒はただ持戒へ、従来の正法への復帰であるべきのみであろう。聖道門の自力教から絶対他力の浄土教への転換は親鸞において末法の歴史的自覚に基いて行われ、これによってこの転換は徹底され純化されたのである。『教行信証』化身土巻における三願転入の自督に続いて正像末の歴史観が叙述されているということは、この歴史観に基く自覚が三願転入の根拠であることを示すものと考えなければならぬ。三願転入にいう三願において、第十九願すなわち修諸功徳の願は自力の諸善万行によって往生せんとするものとして持戒の時である正法時に、第二十願は念仏という他力で、しかし自力の念仏によって往生せんとするものとして正法と末法との中間にある像法時に、また第十八願は絶対他力として末法時に相応するということができるであろう。

三願転入については次の章において論じたいと思う。ここではまず末法時の特徴である無戒ということに関連して親鸞の思想のひとつの特色を明かにしておかねばならぬ。無戒ということは固有の意味においては僧侶についていわれ、元来持戒者であるべき僧侶であって戒を持することがないということを意味している。もし僧侶が無戒であるならば、彼らはいわゆる「名字の比丘」であり、本質的には在俗者と同じでなければならぬ。かくして浄土門の教は僧俗一致の教法である。この教法の前においては僧侶と在俗者とは本来平等である。単に僧俗の差別のみではない、老少の差別、男女の差別はもとより、賢者と愚者との差別も、善人と悪人との差別も、すべて意義を有しなくなる。宗教の前においてはあらゆる者が平等である。恰も死に対しては貴賤貧富を論ぜず、すべての人間が平等であるように。この平等はもとより宗教的な平等であって、外面的な社会的平等ではない。宗教の前においては社会的差別はもとより道徳的差別も意義を失うところに宗教の絶対性がある。無戒ということの本質はかくの如き平等性に存している。かくの如き平等性は人間を「群衆」にしてしまうものではない。念仏は各人のしのぎといわれるように（「往生は一人々々のしのぎなり。」蓮如上人『御一代記聞書』）、宗教はめいめいの問題である。この平等性は各人の罪の意識において成立するのである。自己の真実の姿を深く見詰めた者にとって誰が自己は他よりも善人であるといい得るであろう。かく考えることはまだ自覚が足りないためである。自己の罪の自覚において超越的なもの、すなわち末法の教法に触れないためである。「末代の旨際を知り」、「おのれが分を思量せよ」と親鸞はいう。末代のいわれを知り、自己の分限を思いはかる者は、自己を極重の悪人として自覚せざるを得ないであろう。末代の旨際を知るというのは、客観的に現代が末法の時であることを知るということではない。正像末の歴史観は歴史的知識の要約でもなく、また歴史を体系化するための原理でもない。末法の自覚は自己の罪の自覚において主体的に超越的なものに触れることを意味している。このときには何人も自己を底下の凡愚として自覚せざるを得ないであろう。弥陀の本願はかくの如き我々の救済を約束している。如来の救済の対象はまさにかくの如き悪人である。これを「悪人正機」と称している。悪人正機の説の根拠は末法思想である。

しからば何故に教は行われないのであるか。「まことに知んぬ、聖道の諸教は在世正法のためにして、またく像末法滅の時機にあらず、すでに時をうしなひ機にそむけるなり。」〔欄外1452〕と親鸞はいっている。従来の教は聖道自力の教であり、これは釈迦牟尼仏の在世及びその感化力の存した正法時のためのものであって、今日末法の時代においては、この教はこの時代とこの時代における衆生の根機とにもはや相応せず、かくして時を失い機に乖く故にこの教は衰微せざるを得ないのである。これに反して浄土他力の教はまさに「時機相応の法」である。それは末法という時機とこの時代における衆生の根機とに相応する教である。この時代と人間とのために仏は限りない愛をもって弥陀の本願の教を留めおいたのである。「当来の世に経道滅尽せんに、われ慈悲哀愍をもって特にこの経を留めて止住すること百歳ならしめん。それ衆生ありてこの経にあふものは、こころの所願にしたがひてみな得度すべし。」〔欄外31〕といわれている。道綽は『安楽集』に「当今は末法にして、これ五濁悪世なり、ただ浄土の一門のみありて通入すべき路なり。」〔欄外1463〕といっている。もし機と教と時とが一致しないならば、修め難く、入り難い。「末法のなかにおいてはただ言教のみありてしかも行証なけん。」〔欄外1474〕というのは、その法が時機不相応の聖道の教であるためであり、かかる時こそ浄土の教のいよいよ盛になるべきときである。「ひそかにおもんみれば、聖道の諸教は行証ひさしく廃れ、浄土の真宗は証道いま盛なり」〔欄外1623〕と親鸞は記している。

道綽に依れば、聖道の修業は、第一に大聖を去ること遙遠なるが故に、第二には理深く解微なるが故に、成就しがたいのである。『安楽集』上三十八丁。

ところで浄土他力の教が末法時に相応する教であるとすれば、そのことはまさにこの教を相対的なものにすることになりはしないであろうか。実際、聖道の諸教は、それが単に在世正法の時にのみ相応して、像末法滅の時には相応しないという故をもって、単に相対的なものと見られ、方便の教に過ぎないと考えられたのである。親鸞は教の歴史性を強調した。これは歴史主義であり、歴史主義は一個の相対主義ではないか。他力の教がもし相対的なものであるとすれば、それはもはや真実の教であることができぬ。真理は、真実の教は絶対性を有するのでなければならぬ。他力教の絶対性は如何に示されているのであるか。そしてその絶対性はその歴史性と如何にして矛盾することなく、却って一致するのであろうか。

　像末五濁の世となりて
　釈迦の遺教かくれしむ
　弥陀の悲願ひろまりて
　念仏往生さかりなり

『正像末和讃』の首めには次の讃歌が掲げられてある。

　弥陀の本願信ずべし
　本願信ずるひとはみな
　摂取不捨の利益にて

無上覚をさとるなり

この一首は康元二年二月九日夜、夢告に成るものである、と親鸞はみずから記している。時に彼は八十五歳であったが、夢にこの和讃を感得したことが『正像末和讃』一帖の製作の縁由となったのである。このことは末法の自覚と浄土教の信仰とが彼において如何に密接に結び附いていたかを示すものであろう。末法の自覚は罪の自覚であり、罪の自覚は弥陀の本願力による救済の自覚であった。

無明長夜の燈炬なり
智眼くらしとかなしむな
生死大海の船筏なり
罪障おもしとなげかざれ

と彼は讃詠するのである。

末法意識と浄土における未来主義

親鸞は他力教の絶対性を先ず、それが釈迦の本懐教「出世の本懐」であることを示すことによって明かにしようとした。釈迦出世の本意を知れとは親鸞における内面の叫びであった。釈迦如来がこの世に現われたのは、『法華経』の「方便品」の中にいう如く「一大事因縁」に依るのでなければならぬ。かくして『教行信証』教巻において親鸞は、「それ真実の教を顕はさば、すなはち大無量寿経これなり。」〔欄外 106〕と掲げ、釈迦如来の出世の本懐は一に大無量寿経、すなわち弥陀の本願の法門を説くにあったことを述べている。「如来、世に興出したまふゆゑは、ただ弥陀の本願海をとかんとなり　五濁悪時の群生海　如来如実の言を信ずべし。」〔欄外501〕と『正信偈』に頌述している、釈迦一代の説法はその種類極めて多く、八万四千の法門があるといわれるが、これら多種多様の説法もついに大無量寿経を説くためであり、弥陀の本願の教にとって他のすべては仮のもの、方便のものに過ぎないのである。釈迦の「出世の大事」〔欄外140〕は限りない慈愛をもって衆生を救わんがために弥陀の慈悲の教を説くためであったのである。この教のみが真実の教である。「如来興世の正説」である。しかもこの絶対的真理の開示は我々において歴史的なものとして受取られなければならぬ。「如来、無蓋の大悲をもて三界を矜哀したまふ。世に出興するゆゑは、道教を光闡して群萠をすくひ、めぐむに真実の利をもてせんとおぼしてなり。無量億劫にもまうあひがたく、みたてまつりがたきこと、なをし霊瑞華のときありてときにいましいづるがごとし。」〔欄外121〕と『大無量寿経』にはいわれてある。親鸞は「如来興世の本意には　本願真実ひらきてぞ　難値難見とときたまひ猶霊瑞華としめしける」と讃詠した。弥陀の本願の教の絶対性は、それが無時間的であることを意味しない。この教は歴史的に釈迦によって開顕されたのであり、我々におけるこれが信受も歴史的に決定さるべきものである。人身を受けるということはあり難く、また仏法を聞くということはあい難い。いまこの受け難い人身を受け、この聞き難い法を聞いたとすれば、速かにこれを信受しなければならぬ。

第二に、この教の絶対性はその永遠性によって知られる。「まことに知んぬ、聖道の諸教は在世正法のためにして、まったく像末法滅の時機にあらず。すでに時をうしなひ機にそむけるなり。浄土真宗は在世正法像末法滅濁悪の群萠、ひとしく悲引したまふをや。」〔欄外 1452〕と親鸞はいっている。すなわち自力の教はただ釈迦在世及び滅後五百年間の衆生の機根のすぐれた時代にのみ相応する教であって、像法、末法という機根の劣った時代には相応しない教であるのに反して、他力の教は在世正法、像法末法及び法滅の時代に亙って、煩悩に穢され悪業に繋がれる人々を一様に大慈悲をもって誘引し給う教である。前者がただ在世正法の時代に限られているのに反して、後者は在世正法像法末法法滅の時代に亙って、それ故にすべての時代に通ずるのである。前者が一定の時代に局限されているのに反して、後者は時代にかかわることなく永遠に通用するのである。『大無量寿経』には、「当来の世に、経道滅尽せんに、われ慈悲哀愍をもつて特にこの経を留めて止住すること百歳ならしめん。」〔欄外 31〕とあるが、百歳というのはいつまでもという意である。かようにして浄土門の教は永遠性を有するものとして絶対性を有する。しかしかような永遠性は非歴史的ではない。この教は特に末法時代に相応する教である。すなわち末法時代においては、聖道の教が「時を失ひ機に乖く」のに反して、浄土門の教はまさにこの時代においてこそ「時機純熟の真教」なのである。かくして一面において特殊的に末法の時代に相応すると同時に他面において普遍的にあらゆる時代に通ずるというところに、この教の真に具体的な絶対性が見られるのである。特殊的であると同時に普遍的であり、時間的であると同時に超時間的であるところに、真の絶対性があるのである。

しかるに第三に、この教のかかる絶対性、すなわち歴史を離れるのではなく却って歴史の中において歴史を貫く絶対性は、その伝統性において認められる。親鸞はこの伝統を印度の龍樹、天親、支那《ママ》の曇鸞、道綽、善導、日本の源信、源空の七人の祖師において見た。彼は『高僧和讃』を作ってこれら七祖を讃詠したのである。釈迦の出世の本懐の教である弥陀の本願の教は処と時とを隔てたこれらの高僧によって次第に開顕されてきたのである。この伝統はこの法の絶対性を示すものである。親鸞はこの伝統の中に自己の生命を投げ込んだ。彼は一宗の開祖となったが、自身は何ら新しい宗派を立てる意図も自覚も有しなかった。「故聖人のおほせには、親鸞は弟子一人ももたずとこそおほせられ候ひつれ、そのゆへは、如来の教法を十分衆生にときききかしむるときは、ただ如来の御代官をまうしつるばかりなり、さらに親鸞めづらしき法をもひろめず、如来の教法をわれも信じひとにもをしへきかしむるばかりなり、そのほかはなにをしへて弟子といはんぞとおほせられつるなり。」〔欄外16〕と蓮如は書いている。親鸞にとってはただ伝統が問題であった。しかもこの伝統は彼にとって生死を賭けた絶対的なものであったのである。『歎異鈔』には次の如く記してある。「親鸞にをきては、ただ念仏して、弥陀にたすけられまいらすべしと、よきひとのおほせをかうふりて、信ずるほかに別の子細なきなり。念仏はまことに浄土にむまるるたねにてやはんべるらん、また地獄におつる業にてやはんべるらん、総じてもて存知せざるなり。たとひ法然上人にすかされまいらせて、念仏して地獄におちたりとも、さらに後悔すべからずさふらふ。そのゆへは、自余の行もはげみて、仏になるべかりける身が念仏をまうして、地獄におちてさふらはばこそ、すかされたてまつりてといふ後悔もさふらはめ、いづれの行もおよびがたき身なれば、とても地獄は一定すみかぞかし。弥陀の本願まことにおはしまさば、釈尊の説教虚言なるべからず。仏説まことにおはしまさば、善導の御釈虚言したまふべからず。善導の御釈まことならば、法然のおほせそらごとならんや。法然のおほせまことならば、親鸞がまうすむね、またもてむなしかるべからずさふらふ歟。詮ずるところ愚身が信心にをきてはかくのごとし。このうへは念仏をとりて信じたてまつらんともまたすてんとも、面々の御はからひなりと云云。」〔欄外 救済と伝統 伝統と邂逅〕

『正信偈』は、

「ただこの高僧の説を信ずべし」

という句をもって結ばれている。〔欄外 伝統の尊重〕

私自身のうちにおいて一念即多念、多念即一念の真実の称名が相続せられるに先立ち、既に歴史そのものが一つの念仏の主体であり、浄土教の祖師たちにおいて脱自的に念々（時代々々）不断の念仏を現実に行じて来ていることが知られる。従って私の内に真実の一念多念の相即する念仏の大行が行じ得られるのも、実に私がこの歴史的伝承に生きることによる。

親鸞の信楽はかかる浄土教の歴史的伝承において成就する。かかる歴史的伝承は本願力として捉えられる。本願力は他力の概念の核心。

右の如くにして、正像末の歴史観は浄土教史観とまさに表裏をなしていることが知られる。正像末史観は、仏滅後、時を経るにつれて時代が悪化してゆくことを述べたもので、上古に理想的状態をおき降るに従って堕落してゆくと考えるものであり、形式的に見れば、これは仏教以外にもよくある思想で珍しいものではない。それは歴史は時と共に進歩すると見る歴史観とは相反する方向をとるものであり、前者が単純なオプティミズムであるのに対して後者は単純なペシミズムであると考えられるであろう。もとよりかかる単純なペシミズムは親鸞のものではない。彼にとっては正法像法末法と降るに従って時代が悪化してゆくということは、同時に、他の面から見れば、真実の教である浄土教が次第に開顕されることであった。

しかしながら、歴史は浄土教の開顕の歴史であるとするこの史観は、もとより単なる進歩主義乃至進化主義ではない。なぜなら先ず第一に、この浄土教史観はその逆の面としてつねに正像末史観を含んでいる。両者は不可分の関係に立っている。親鸞は絶えず末法のあさましさを悲しみ、自己の罪の深さを歎いた。世の末であるという深刻な自覚が逆にいよいよ弥陀の救済を仰ぎ、その真実を信じたのである。この一点から見れば、他の諸点においては本質的な差異があるが、彼の歴史観はキリスト教における終末観に類似している。

いわゆる『御本書』または『御本典』すなわち『教行信証』の行巻の終、信巻の前に附せられた『正信念仏偈』、或はいわゆる『略文類』または『略書』すなわち『浄土文類聚鈔』の中にある『念仏正信偈』は浄土史観を述べたものである。そこでは弥陀と釈迦、および浄土教の七高僧が経すなわち『大無量寿経』に依り、及び七祖の著述である論釈に依って讃述されている。

浄土真実と浄土方便との対応

第二に、それは単に未発展のものが次第に発展してゆくという進化の過程ではない。浄土教はもちろん歴史において次第に開顕されたのではあるが、この過程の初めにおいてそれは既に開顕されていたのであり、従って開顕の過程は自己から出て自己へ還ってくる運動である。それは教の歴史的な自己運動ともいうべく、この点においてヘーゲルにおける概念の発展と類似している。しかもこの運動はつねにその根柢において弥陀の本願という絶対的なものに接しているのである。

第三に、しかしながら教のこの展開はヘーゲルにおける概念の自己運動とも本質的に異っている。なぜなら教の展開は親鸞において同時に祖師たちの伝統の継承の問題であった。彼にとってそれは単に法の問題でなくて人の問題であった。浄土教史観は七祖史観とも呼ぶことができるであろう。浄土真宗では、龍樹、天親、曇鸞、道綽、善導、源信、源空の七祖を正依の祖師とし、更に菩提流支、懐感禅師、法照禅師、少康禅師の四師を傍依の祖師としている。〔欄外 319〕菩提流支は『高僧和讃』曇鸞章に、懐感は同じく源信章に、法照、少康の二人は同じく善導章に出ている。これら四師を摂して、浄土教史観は七祖史観と名づけることができる。そこでは単に教法が問題でなく人間が問題であった。それは単なる哲学ではなく宗教であるからである。人は、ヘーゲルの歴史哲学においての如く、理念の展開の道具に過ぎぬのではない。人において法が見られると同時に法において人が見られるのである。なぜならこの法は人間の実存にかかわり、各人の救済が問題であるからである。右に引いた『歎異鈔』の文がこれを明かにしている。法と人とは二つであって二つではない。親鸞にとって伝統は単に客観的なものでなく、これを深く自己のうちに体験し証すべきものであった。相承は己証と結び附いて区別することができぬ。これによって彼はおのずから伝統のうちに新しいものを作り出し、みずから一宗の祖として新しい伝統の出発点となったのである。

もとよりこの伝統の中心をなすものは弥陀である。しかもこの弥陀の本願の教をこの世に示したのは釈迦であり、そこに釈迦出世の歴史的意義がある。釈迦なしには伝統はなく、弥陀なしには伝統はない。従って本典および略書の両偈が先ず弥陀及び釈迦について述べ、ついで七高僧について述べているのは当然である。ここに人と法とは二つでない。

〔別稿〕

第二章　歴史の自覚

人間の現実を見詰めた親鸞はこれを歴史的現実として深く認識した。人間的現実は本質的に歴史的現実である。歴史は人間の最も深い

第二章　歴史の自覚

人間的現実は本質的に歴史的現実である。人間の現実を深く見詰めた親鸞はこれを歴史的現実とし

て認識した。歴史は人間の最も深い現実である。

歴史の自覚

一

人間性の自覚は親鸞において歴史の自覚と密接に結び附いている。歴史の自覚によって人間性の自覚は現実化されると共に深化された。この彼の歴史的自覚はとりわけ末法思想を基礎とするのである。末法思想は仏教史観ともいうべき正像末三時の教に属している。そこで我々はまずこの史観が如何なるものであるかを見なければならぬ。

正像末史観は仏滅後の歴史を正法、像法、末法の三つの時代に区分する。この三時の際限について、末法の時代は正法像法の後一万年とすることは諸説の一致するところであるが、正法像法の二時代については、或いは正法五百年像法千年といい、或いは正法千年像法五百年といい、或いは正法五百年像法五百年といい、或いは正法千年像法千年といって一定しないが、親鸞は道綽の伝統に従って正法五百年像法一千年末法一万年の説を採った。『教行信証』は道綽の『安楽集』を引いて記している。「経の住滅を弁ぜば、いはく釈迦牟尼仏一代、正法五百年、像法一千年、末法一万年には衆生減じ盡き、諸経ことごとく滅せん。如来、痛焼の衆生を悲哀して、特にこの経を留めて、止住せんこと百年ならん。」化巻本三十四正像末の三時は何に基いて区別されるであろうか。元来この史観は釈迦如来の滅後、時を隔てるにつれてその感化力が次第に衰えてゆくことを示すものであるが、慈恩はこの過程を教行証の三法を基礎として原理的に区分している。仏滅後の初の時代には教と行と証とが共に存在する。教法は世にあり、教を聞く者は能く修行し、修行する者は能く証果を得る。これを正法と名附ける。正はいわば証の意味であって、証があるということがこの時代の特徴である。次に像法というのは、像は似の意味であって、この時代は教があり行があり、正法の時に似ている。教法は世に留まり、教を聞く者は能く修行するが、多くは証果を得ることができぬ。教と行とは存するが証は存しない。これを像法と名附ける。第三の末法時代においては、教法は世に垂れ、教を受ける者があっても、能く修行することができず、証果を得ることができぬ。ただ教のみ存して行も証も存しない。末は微の意味であって、教があってもないが如くであるから、末法と称せられるのである。かくて末法一万年において諸経ことごとく隠没するとき、如来はかかる末代の衆生を哀れみ、特に「この経」即ち『大無量寿経』を世に留めて百歳、従って無量歳に至らしめ給うのである。

　親鸞はまた『安楽集』に依って、仏滅後の時代を五百年づつに区分する『大集月蔵経』の説を同じ個所化巻本三十四で採り上げている。「大集月蔵に云く、仏滅度の後の第一の五百年には、わがもろもろの弟子、慧を学すること堅固なることをえん。第二の五百年には、定を学すること堅固なることをえん。第三の五百年には、多聞読誦を学すること堅固なることをえん。第四の五百年には、塔寺を造立し、福を修し、懺悔すること堅固なることをえん。第五の五百年には、白法隠滞して多く諍訟あらん。すこしき善法ありて堅固なることをえん、と。」わが伝教大師の作と考えられた『末法燈明記』もこの説を採っており、また『教行信証』化巻本三十七に引用するところであって、即ちこの書においては、初の五百年は解脱堅固、次の五百年は禅定堅固、次の五百年は多聞堅固、次の五百年は造寺堅固、後の五百年は闘争堅固にして白法隠没するの時として、特色附けられている。これに依れば、初の三期の五百年は、次第して、戒と定と慧の堅固にとどまる時であり、そのうち第一の五百年は正法、次の二期の五百年は像法一千年に当り、これら三期の五百年の後には戒定慧の三学はもはや存しなくなる。第四

三願転入

親鸞は自己の宗教的生を回顧して次のように書いている。

「ここをもて愚禿釈の鸞、論主の解義をあふぎ、宗師の勧化によりて、ひさしく万行諸善の仮門をいでて、ながく双樹林下の往生をはなる。善本徳本の真門に廻入して、ひとへに難思往生の心をおこしき。しかるに今ことに方便の真門をいでて、選択の願海に転入せり、すみやかに難思往生の心をはなれて、難思議往生をとげんとおもふ。果遂の誓ひ、まことにゆへあるかな。」〔欄外1444〕

これは『教行信証』化巻に記された有名な三願転入の文である。

この文が、率直に理解する限り、親鸞の信仰生活の歴程の告白であることは、明かである。それは歴史的事実の叙述である。そしてこの歴史は、初め「万行諸善の仮門」、次に「善本徳本の真門」、遂に「選択の願海」という、三つの過程を示している。ところでこの文を親鸞の信仰の歴史を語るものと見れば、かかる三つの転化、わけても「今ことに方便の真門をいでて」というその「今」が親鸞の生涯のいかなる年代に当るかが問題になるであろう。しかるにこれについては種々の異説がある。或る者はこの今、即ち親鸞が「選択の願海に転入」した時をもって、彼が二十九歳で法然を師として吉水に入室した時であるとし、或る者は吉水入室以後にあるとし、或る者はそれ以前にあるとし、或る者は『教行信証』製作の当時にあるとする。しかしこの種の解釈にはいずれも無理があるところから、右のいわゆる三願転入の文を、歴史的事実とは関係なく純粋に法理的に解釈しようとする者がある。言い換えれば、右の三願転入の文を純粋に論理的に理解しようとするのである。

三願転入に深い論理があること、それに永遠なる法理があることは、我々もまたやがて明かにしようとするところである。しかしながらその故をもって、これを純粋に法理的に解釈することは誤りである。この文は率直に受取る者にとっては疑いもなく親鸞の宗教的生の歴程を記したものであり、歴史的事実の告白である。弥陀の本願は単なる理、抽象的な真理ではない。それは生ける真理として自己を証するのである。この証しは、この真理が我々の生の現実に深く相応するということ、この現実を最もよく解き明かすということによって知られる。法と機、真理と現実、永遠なるものと歴史的なるものとの一致、この不思議な一致こそ我々をして弥陀の本願をいよいよ仰信せしめるものである。自己の信仰の径路を思い廻らすとき、親鸞はそれが不思議にも弥陀の三願によって言い当てられていることを驚き且つ慶ぶのである。かようにして化身土巻において、第十九願と二十願とについて釈意しつつきた彼は、自己の宗教的生の歴程について告白するのである。三願転入は単なる論理ではない。この論理が深く現実の中にあることを自己において見出したものが右の文である。かくして超越的なる真理は内面化されて見出されるのである。

しかしながらこの文はいわゆる客観的な歴史記述ではない。それはまさに宗教的告白である。宗教的告白は一面懺悔であると共に讃歎である。このことは三願転入の文とのつながりにおいて、その前には、

「かなしきかな、垢障の凡愚、無際よりこのかた、助正間雑し、定散心雑するがゆへに、出離その期なし。みづから流転輪廻をはかるに、微塵劫を超過すれども、仏願力に帰しがたく、大信海にいりがたし。まことに傷嗟すべし、ふかく悲嘆すべし。」〔欄外 1442〕

と自督懺悔し、そして三願転入の文に直について、

「ここにひさしく願海にいりて、ふかく仏恩をしれり。至徳を報謝せんがために、真宗の簡要をひろふて、つねに不可思議の徳海を称念す。いよいよこれを喜愛し、ことにこれを頂戴するなり。」〔欄外 1451〕

と自督仰信している。かくの如き告白、自己の内面的生活の記述について機械的に年代の順序を決定しようとすることは、無意味であり、少なくとも無理である。それは年代的解釈を許さない。体験と論理との一つになった文において年代を穿さくすることは無意味である。それは「詩と真実」として一層深い歴史に属している。だからとてそれは歴史的意味をもたないのではなく、単に論理的意味を有するに過ぎぬのではない。それはどこまでも歴史的意味をもっている。年代的ということと歴史的ということとは同じでない。三願転入は歴史的事実である故に、それは時間的秩序をもっている。しかしかかる歴史的時間は暦の上で決定される客観的な年代的順序とは次元を異にしている。親鸞は右の文において自己の辿りついた信仰の立場から、自己の経験してきた内面的生活を回顧してその歴史を叙述した。この回顧即ち歴史叙述は、信仰の最も高い立場からより低い立場に対する反省であり、従って同時にこれに対する批判である。しかしこの批判は単なる否定ではなくて同時に摂取であることが明かになるであろう。そして回顧として歴史的であり、批判として論理的である。現実の歴史は本願の法理において客観性、単なる年代記的歴史以上の客観性を与えられ、本願の法理は歴史のなかにおいて、単なる論理を超えた現実性を示されたのである。かかる客観性の故に自己の歴史は告白するに値するのであって、いわゆる三願転入の自督は感傷とは全く性質を異にしている。またかかる現実性の故に本願の法理は仰信せらるべきものであるのである。

さて三願とは何をいうのであるか。右の文によれば「万行諸善の仮門」であり、これが第一の段階である。これは『大無量寿経』における第十九願に当る。その文に曰う、

「たとひわれ仏をえたらんに、十方の衆生、菩提心をおこし、もろもろの功徳を修し、心を至し発願して、わが国に生ぜんとおもはん、寿終のときにのぞんで、たとひ大衆と囲遶して、その人のまへに現ぜずば、正覚をとらじ。」〔欄外 1285〕

この文に依ってこの第十九願は「修諸功徳の願」と名づけられており、「万行諸善」というはこれを指している。弥陀の本願は生の現実に徹入する。この願、詳しく言えば、道心をおこし、これを成就させるためにもろもろの善行を修め、かくして至心をもって発願し、その修めるところの善行をもって我が浄土に往生しようとする衆生があるとき、その人の臨終にもし観音勢

至等の大衆とともにその人の前に現われて来迎しないならば、――そこでこの願は臨終現前の願、現前導生の願、来迎引接の願ともなづけられる――われは正覚を開かないであろうという、弥陀の誓いは、現実にかくの如き人間の存在することを現わしている。本願はつねに歴史的現実(機)に相応するところの衆生済度の愛の願いである。ひとは邪道を離れて仏門に入る。そのとき彼が先ず為そうとすることは何であるか。もろもろの善を行い、もろもろの功徳を積むことである。かように善を行い、功徳を積むのでなければ浄土往生は不可能であると考える故である。彼は自己の修めた万善万行によって、それが原因となり、その結果として浄土往生が遂げられると考える。これは理義明白である。これよりも明白な理義はない。これ以外に理義はあり得ないものの如くである。彼の発願は極めて真面目である。彼は自己の力のあらんかぎり善行を修め、功徳を積もうとする。彼の努力は極めて真面目である。しかし彼が真面目であればあるだけ、彼が努力すれば努力するだけ、彼は自己の虚しさ、自己の偽りを感ぜざるを得ない。外から見れば一点の非の打ちどころのない生活にも、内に省みるとき虚偽が潜んでいることが自覚せられる。他人の不幸を憐んで物施しをする者に、自己の優越を誇り、他人の不幸を喜ぶ心が裏にないか。心において一度も窃盗をしたことのない者、姦淫をしたことのない者がない。道徳を守ることが、単に名利のために過ぎないということはないか。外においてどれほど善を行おうとしても、悪心は絶えず裏から潜んでくる。かくして、

「しかるに濁世の群萌、穢悪の含識、いまし九十五種の邪道をいでて、半満権実の法門にいるといへども、真なるものは、はなはだもてかたく、実なるものは、はなはだもてまれなり。偽なるものは、はなはだもておほく、虚なるものは、はなはだもてしげし。」〔欄外1281〕

と批判せられるのである。

もとよりかくの如き種類の人間にも弥陀は手をのべる。「すでにして悲願います、修諸功徳の願となづく。」〔欄外1283〕これが第十九願である。ここに得られる往生は「双樹林下往生」と呼ばれている。双樹は沙羅双樹であって、釈迦は拘尸那《クシナ》城外の沙羅双樹の下で涅槃に入ったと伝えられる。双樹林下往生というのは自力修善の人々の往生をいうのである。しかしこの願の本旨は臨終現前とか来迎引接とかにあるのであろうか。そこに更に何かより深い意味があるのではなかろうか。我々の思惟し得る限りにおいては、みずからあらゆる善行を励み、これを差し向けて浄土に往生しようとすることは、理の当然であって、それが究極のものである。これ以外に往生の道はないはずである。しかしながら、もしそうであるとすれば、果して我々は実際に善を修めているのであるか。深く省みれば省みるほど自己の無力を歎ぜざるを得ないであろう。もとより或る者は自己が何ら背徳の行為のないことを考えて満足しているであろう。この自己満足は、しかるに、真に往生をおほう（ママ）心がないことから来ている。それはあさはかな現実肯定にもとづいている。そこに超越的なものはない。そしてこれは現実についての認識の不足にもとづいている。これに対して、外からは一点非の打ちどころのないように見える生活をしながら、しかも絶えず不安に襲われ、絶望せざるを得ないのは、浄土往生のねがいの切なることによるのである。従って修諸功徳の願は、自力の観念を放棄せしめんがためのものである。自己の無力に対する自覚は往生浄土のねがいが真面目であればあるほど強い。それ故に真実なるものはこのねがいのみである。それ故に親鸞は第十九願を「至心発願の願となづくべきなり」というのである。この願の真意はまさにここに存するというべきである。第十九願の趣旨が至心発願にある限り、これは究極的なものでなくなり、次のより高い段階に廻入せざるを得ない。

自分の行う善によって往生を求めて絶望した者は如何にすべきであるか。ここに弥陀は手をさしのべ給う、ここに願がある。第二十願がそれである。曰く、

「すでにして悲願います、植諸徳本の願となづく。」〔欄外 1401〕

「たとひわれ仏をえたらんに、十方の衆生、わが名号をききて、念をわが国にかけて、も

ろもろの徳本を植ゑて、心を至し廻向して、わが国に生ぜんとおもはん、果遂せずば、正覚をとらじ。」〔欄外 1401〕

先の三願転入の文において「善本徳本の真門に廻入し」とあるのは、この願に相応する。この願の文に従って、それは「係念定生の願」とも「不果遂者の願」ともなづけられる。

第四章　宗教的真理

親鸞がこころをつくして求めたのは「真実」であった。彼の著作を繙く者は到る処においてこの注目すべき言葉に出会う。『教行信証』という外題で知られる彼の主著の内題は『顕浄土真実教行証文類』と掲げられている。そしてその前四巻は「顕浄土真実教文類」「顕浄土真実行文類」「顕浄土真実信文類」「顕浄土真実証文類」というように、一々真実という言葉が附けられている。すなわち真実の教、真実の行、真実の信、真実の証を顕わすことが彼の生涯の活動の目的であった。まことに真実という言葉は親鸞の人間、彼の体験、彼の思想の態度、その内容と方法を最もよく現わすものである。彼が明かにした真実の教と行と信と証とがいかなるものであり、また相互にいかなる関係にあるかについては、私の研究の全体を通じて次第に述べられるであろう。ここでは先ず一般に真実というものが何を意味するかについて、その一般的性格を論じておかねばならぬ。

宗教は真実でなければならない。それは単なる空想であったり迷信であったりしてはならぬ。

宗教においても、科学や哲学においてと同じく、真理が問題である。ただ宗教的真理は科学的真理や哲学的真理とその性質、その次元を異にするのである。もとより宗教の真理も真理として客観的でなければならぬ。客観性はあらゆる真理の基本的な徴表である。親鸞の宗教はしばしば体験の宗教と称せられている。かく見ることは或る意味においては正しい。宗教的体験の本質は内面性であり、親鸞の宗教は仏教のうち恐らく最も内面的であることを特徴としている。しかし体験はそれ自身としては主観的なもの、心理的なものを意味している。従って体験の宗教ということは主観主義、心理主義に陥ることになり、宗教は真理であるという根本的な認識を失わせることになり易いのである。真理は決して単に体験的なもの、心理的なもの、主観的なものであり得ない。もとより宗教的真理の客観性は物理的客観性ではない。その客観性は経において与えられている。経は仏説の言葉である。信仰というものは単に主観的なもの、心理的なものではなく、経の言葉という超越的なものに関係している。「それ真実の教をあらはさば、すなはち大無量寿経これなり。」〔欄外 106〕と親鸞はいっている。経は釈尊の説いた言葉であり、その真実性は釈尊の自証に基くのである。しかし釈尊は歴史的人物であるとすれば、その言葉はいかにして真の客観性、真の超越性を有するであろうか。釈尊の自証といっても、それはいかにして真の客観性、真の超越性を有するであろうか。仏教における聖道門は釈尊を理想とする。それは釈尊によって自証された法を自己自身において自証しようと努力する。経と言葉とはそれ自身として絶対性を有しない。かくしてそれは宗教であるよりも道徳乃至哲学であることに傾くのである。聖道門は釈尊を理想とする自力自証の宗教として、そこに真の超越性は存しない。しかるに浄土門は釈尊を超越した教である。親鸞は真実の教である『大無量寿経』について、「如来の本願をとくを経の宗致とす。すなはち仏の名号をもて経の体とするなり。」〔欄外 115〕といっている。弥陀如来の本願や名号は釈尊を超越するものである。真に超越的なものとしての言葉は釈尊の言葉ではなくて名号である。名号は最も純なる言葉、いわば言葉の言葉である。この言葉こそ真に超越的なものである。念仏は言葉、称名でなければならぬ。これによって念仏は如来から授けられたものであることを証し、その超越性を顕わすのである。本願と名号とは一つのものである。経は本願を説くことを宗致とし、仏の名号を体とする故をもって真に超越的な言葉であるのである。かくの如き教として『大無量寿経』は真実の教であるのである。

しかしこの超越的真理は単に超越的なものとして止まる限り真実の教であり得ない。真理は現実の中において現実的に働くものとして真理なのである。宗教的真理は、哲学者のいうが如き、あらゆる現実を超越してそれ自身のうちに安らう普遍妥当性の如きものであることができぬ。それはそれ自身のうちに現実への関係を含まなければならぬ。弥陀の本願はかくの如き現実への関係において普遍性を含んでいる。それは「十方衆生」の普遍性である。すなわち第

十八、十九、二十の三つの重要な願はいずれも「十方衆生」という語を含んでいる。十方衆生という現実の普遍性への関係は、本願において、後天的に附け加わってくるのではなく、却ってもともと本願のうちに内在するのである。従って本願の普遍性は単に経験的普遍性ではなく、先天的な超越的な普遍性である。普遍性は真理の基本的な徴表であるが、単に経験的な普遍性は真の普遍性であることができぬ。しかしまた単に超越的な普遍性は現実との関係を欠いて真の普遍性の意義を有しない。本願の普遍性はかくの如き抽象的な普遍性ではなく、十方衆生の普遍性をそれ自身のうちに含んで、現実的普遍性への傾動をそれ自身のうちに含んでいる。

しかしながら十方衆生の普遍性もなお抽象的である。宗教においてはどこまでも自己が救われるということが問題である。理論の幽玄も論理の透徹も、その教法が自己を救うものであるか否かという切実な問の前には、何等の権威も有しない。自己は十方衆生のうちに含まれると考えられる。しかし単にかく考えられる自己は類概念のひとつの例としての自己に過ぎず、生きた真に現実的な自己ではない。十方衆生はそれ自身としては類概念である。宗教的真理は実存的真理、言い換えると、生ける、この現実の自己を救う真理でなければならぬ。親鸞が求めた教法はまさにかくの如き実存的真理であったのである。「弥陀の五劫思惟の願をよくよく案ずれば、ひとへに親鸞一人がためなりけり。」と『歎異鈔』にいわれている。彼は教を単にその普遍性において見たのではない——それは単に理論的な態度に過ぎない——彼はこれを絶えず自己の身にあてて考えたのである。『教行信証』において種々の経論を引いて諄々として教法を説き去り説き来る親鸞は、諸所において突如として転換していわゆる自督の文を記している。この劇的な転換の意味は重要である。この自督の文は電撃の如く我々の心を打つ。今や彼は自己にかえって客観的普遍的な教法を自己の身にあてて考えるのである。〔欄外245〕自督とは自己の領解するところをいう。教法の真理性は自己において身証されるのでなければならぬ。教は誰のためでもない、自己一人のためである。かくして「十方の衆生」のための教は実は「親鸞一人」のための教である。普遍性は特殊性に転換する。かかる転換をなしおわることによって普遍性もまた真の普遍性になるのである。今や特殊性に転換した普遍性は現実的に普遍性を獲得してゆく。教をみずから信じた自己は人を教えて信じさせる。いわゆる自信教人信の過程において十方衆生の普遍性が実現されてゆく。このとき十方衆生はもはや類概念の如き抽象的な普遍ではなく、自己のうちに特殊性をそのままに含む具体的な普遍となる。それは同朋同行によって地上に建設されてゆく仏国にほかならない。

『末燈鈔』に収められた慶信の師親鸞への消息の中には、「摂取不捨も信も念仏も、人のためとおぼえられず候」とある。

「我が歳きはまりて安養浄土に還帰すといふとも、和歌の浦曲の片雄波よせかけよせかけ帰らんに同じ。一人居て喜ばば二人と思ふべし。二人居て喜ばば三人と思ふべし。その一人は親鸞なり。

我れなくも法は尽きまじ和歌の浦
あをくさ人のあらんかぎりは。」

といわゆる『御臨末御書』の中には親鸞の遺言として伝えられている。「親鸞一人」のためのものと思われた救済の教は、救済の成立すると同時にそれがもともと「十方衆生」のためのものであることが理解されるのである。

ところで本願は言うまでもなく弥陀の本願である。経に依れば、この仏は仏と成る前には法蔵菩薩といい、世自在王仏のもとにおいて無上殊勝の四十八の願を建て、それに相応する行を限りなく長い間修め、願が成就して仏と成って阿弥陀仏と称した。本願は弥陀の本願として特殊のものである。しかしながらこの仏は単に自己のみが成仏することを志願したのではなく、弘く世と共に救われんことを誓ったのである。弥陀の本願はこの仏〔以下欠〕

社会的生活

浄土真宗における真俗二諦論は異説の多い教義である。いま親鸞の著作に出典を求めると『教行信証』化巻に『末法燈明記』から次の如く引かれている。「それ一如に範衛してもて化をながすは法王、四海に光宅してもて風に乗ずるは仁王なり。しかればすなはち仁王法王たがひに顕はれて物を開し、真諦俗諦はたがひによりて教をひろむ。」法王すなわち大法の王と仁王すなわち仁徳のある帝王とは相対し、真諦と俗諦との区別に相応するものである。故に真諦は仏法を、俗諦は王法をいうのであり、王法は世法であり、故にまた世間の法が俗諦であり、出世間の法が真諦である。右の文は真諦俗諦相依の意義を顕わしたものと解される。

真諦俗諦の語がかくの如く『教行信証』化巻において時代を勘決して正像末法の旨際を開示するにあたって、『末法燈明記』の文に依って現われていることは、注目を要するであろう。すなわち真俗二諦の教義は末法思想に関係して、それ故にその根源において時代の自覚に従い、歴史的意識に基いて理解さるべきものなのである。

既に述べた如く、末法時の特徴は無戒ということである。そこには道俗の本質的な区別はなくなる。賢愚、善悪、凡聖、老少、男女の区別も意義をなくする。それは聖道自力の教とは異る絶対的な教が出現すべきことを意味している。この教は信心を根本とする教である。「弥陀の本願には老少善悪のひとをえらばず、ただ信心を要とすとしるべし。そのゆへは罪悪深重、煩悩熾盛の衆生をたすけんがための願にてまします。しかれば本願を信ぜんには、他の善も要にあらず、念仏にまさるべき善なきゆへに、悪をもおそるべからず、弥陀の本願をさまたぐるほどの悪なきがゆへに。」と『歎異鈔』にはいわれている。すなわち真諦あるいは仏法、出世間の法は「信心為本」である。往生のためには他の善は要なく、念仏で足りるとすれば、すべての念仏者は、僧俗を分たず、貴賤貧富を論ぜず、平等でなければならぬ。末法時における無戒は諸善万行を廃してただ念仏のみが真実であるということの徴表である。[*1] 無戒ということは諸善万行の力を奪うものであり、そして積極的には念仏一行の絶対性、念仏の同一性、平等性を現わすものである。念仏はあらゆる人において同一であり平等である。念仏の行者はたがいに「御同朋御同行」である。かかる御同朋御同行主義は浄土真宗の本質的な特徴であり、そしてそこに信者の社会的生活における態度の根本がなければならぬ。かかる兄弟主義の根柢は全

＊1 「問ていはく、聖人の申す念仏と、在家のものの申す念仏と、勝劣いかむ。答へていはく、聖人の念仏と、世間者の念仏と、功徳ひとしくして、またまたかはりあるべからず。」〔欄外 338〕と法然は書いている。

く「同一念仏無別道故」である。[*1] しかも念仏がすべての人において平等であり、同一であるのは、この念仏が自力の念仏ではなくて他力の念仏であるがためである。もしも念仏が自力の念仏であるならば、各人の念仏に勝劣があり、平等ではないであろう。すべての念仏は弥陀廻向の念仏であるが故に、同一であるのである。そこにはもはや師弟の差別さえもあり得ないのである。「親鸞は弟子一人ももたずさふらふ」という。「専修念仏のともがらの、わが弟子、ひとの弟子といふ相論のさふらふらんこと、もてのほかの子細なり。親鸞は弟子一人ももたずさふらふ。そのゆへはわがはからひにて、ひとに念仏をまうさせさふらはばこそ、弟子にてもさふらはめ、ひとへに弥陀の御もよほしにあづかりて、念仏まうしさふらふひとを、わが弟子とまうすこと、きはめたる荒涼のことなり。」と『歎異鈔』は記している。同朋同行主義は念仏は弥陀廻向のものであるというところにその超越的根拠をもっている。そこには我はなく我が弟子もなく、ただ教法のみが人を尊厳ならしめるのであって、互に「御同朋御同行」として相敬うのである。かかる同朋思想は、念仏の行者は同じ縁につながるものであるという意識によって深められるであろう。「ああ弘誓の強縁は多生にもまうあひがたく、真実の浄信は、億劫にもえがたし、たまたま行信をえばとほく宿縁をよろこべ。」〔欄外83〕と『教行信証』総序には

*1 曇鸞の『往生論註』下には「同一に念仏して別の道無きが故に、遠く通ずるに、それ四海のうちみな兄弟とするなり」〔欄外93〕と示されている。

いわれている。弥陀の法を聞くということは重縁によるのであり、如来の方から我々に結ばれた強縁によるのである。たまたま信心を得たものはかかる宿縁をよろこぶべきであり、念仏の行者はかかる宿縁においてつながるものとして、原始歴史的自覚において、同朋の意識を深めるのである。〔欄外「たまたま」原始歴史〕『大無量寿経』には、「法を聞きてよく忘れず、見て敬ひ得て大によろこばば、すなはち我が善き親友なり。」〔欄外18〕と仏は述べている。

ところで無戒という時代の特徴は、単に出世間の法のみではなく、同時に世間の法が重んじられねばならぬことを意味する。世間の生活から遊離することなくして仏法を行ずるということに無戒ということの積極的意義がある。浄土門の教が易行道であるということは、それが出世間の法として行い易いことを意味するのみではなく、却って生活と信仰とが分離することなく、生活が念仏であり、念仏が生活であるべきことを意味するのである。法然はいう。

「現世をすぐべき様は、念仏の申されん様にすぐべし。念仏のさまたげになりぬべくば、なになりともよろづをいとひすてて、これをとどむべし。いはく、ひじりで申されずば、めをまうけて申すべし。妻をまうけて申されずば、ひじりにて申すべし。住所にて申されずば、流行して申すべし。流行して申されずば、家に居て申すべし。自力の衣食にて申されずば、他人にたすけられて申すべし。他人にたすけられて申されずば、自力の衣食にて申すべし。一人して申

されずば、同朋とともに申すべし。共同して申されずば、一人籠居て申すべし。」〔欄外545〕

さて世間の法すなわち俗諦は、浄土真宗の宗乗学者に依れば、「信心為本」に対して「王法為本」である。或は信心正因、称名報恩に対して、王法為本、仁義為先といわれている。この語は宗祖の法孫蓮如上人の『御文章』に「ことにまづ王法をもて本とし、仁義をさきとして世間通途の儀に順じて」という言葉に出づるものである。同じく『御文章』には「ことにほかには王法をもておもてとし、内心には他方の信心をふかくたくはへて、世間の仁義をもて本とすべし。これすなはち当流にさだむるところのおきてのおもむきなりとこころうべきものなり。」といい、また「それ国にあらば守護方、ところにあらば地頭方にをひて、われは仏法をあがめ信心をえたる身なりといひて、疎略の儀ゆめゆめあるべからず。いよいよ公事をもはらにすべきものなり。かくのごとくこころえたる人をさして、信心発得して後生をねがう念仏行者のふるまひの本とぞいふべし。これすなはち仏法王法をむねとまもれる人となづくべきものなり。」といい、また『御一代記聞書』には「王法は額にあてよ、仏法は内心に深く蓄よ」ともいっている。宗祖親鸞においてはかような定式は見出されない。『御消息集』には次の如く書かれている。「念仏まふさん人々は、わが御身の料はおぼしめさずとも、朝家の御ため、国民のために、念仏をまふしあはせたまひさふらはば、めでたふさふらふべし。往生を不定におぼしめさん人は、まづわが身の往生をおぼしめして、御念仏さふらふべし。わが御身の往生一定とおぼしめさん人は、仏の御恩をおぼしめさんに、御報恩のために、御念仏こころにいれてまふして、世のなか安穏なれ、仏法ひろまれとおぼしめすべしとぞおぼえさふらふ。」〔欄外 171〕この言葉は普通に解釈されている如く王法為本の思想を現わすものと見ることができるであろう。しからば仁義為先については如何であるか。仁義の思想は言うまでもなく儒教に出づるものであって、わが国においても儒教の流伝と共に国民道徳の基本となったのである。しかるに『教行信証』化巻には『論語』が引用されている。『論語』は、幾多の書からの引用文から成っている観のある『教行信証』に引用されている唯一の外典である。このことは親鸞がいかに論語を重んじていたかを示すものであろう。従って彼は世間の法については論語に依るべきことを教えたと解することができる。

さて論語からとられた文は、「季路問。事鬼神。子曰。不能事。人焉能事鬼神。」であり、「季路とわく、鬼神につかえんかと。子の曰く、つかうることあたわず、人いずくんぞよく鬼神につかえんやと。」と読ませている。しかるに論語先進篇ではこの文は「季路問事鬼神。子曰。未能事人。焉能事鬼。」〔欄外 先進第十二〕であり、「季路、鬼神につかうるを問う。子曰く、いまだ人につかうることあたわず、いずくんぞよく鬼につかえん。」と読ませ、まだ人間に対してさえつかえることのできない者がどうして鬼神につかえることができようかという意味に解せられる。しかるに親鸞は後の「鬼」とあるのを「鬼神」とし、「未能」の二字を「不能」と改めた上、「未能事人。焉能事鬼。」を「不能事。人焉能事鬼神」と読みかえさせている。これによって、季路が鬼神につかうべきであるかと尋ねたのに対し、孔子は、つかえることができない、人間は鬼神以上のものであるから、人間より低い鬼神につかえ得る筈のものではないと答えた、と解するのである。この引用に先立って彼は種々の文を挙げて鬼神を貶しめているのである。彼は当時の仏教がこの世の吉凶禍福に心を迷わし、卜占祭祀を事とし、迷信邪教に陥っていることに対して鋭い批判を向けた。『愚禿悲歎述懐』には「五濁増のしるしには　この世の道俗ことごとく　外儀は仏教のすがたにて　内心外道を帰敬せり」といい、また「かなしきかなやこのごろの　和国の道俗みなともに　仏教の威儀をもととして　天地の鬼神を尊敬す」といっている。そこで親鸞は諸経典を根拠として真実の教と虚偽の教とを分別し決著して外教邪偽の異執を教誡する。『涅槃経』には「仏に帰依せん者はつゐにまたその余のもろもろの天神に帰依せざれ」〔欄外 1507 ~ 1510〕といい、『般舟三昧経』には「みづから仏に帰命し、法に帰命し、比丘僧に帰命せよ。余道につかふることをえざれ、天を拝することをえざれ、鬼神をまつることをえざれ、吉良日をみることをえざれ。」といって、仏教徒の帰依すべきはただ仏と法と僧との三宝であり、専ら仏道につかえて、天を拝したり、鬼神をまつったり、日の吉凶を卜したりするが如きことをしてはならぬと教えている。かかる迷信は仏教の否定するところである。念仏者は鬼神を畏れることを要しない。「念仏者は無礙の一道なり。そのいはれいかんとならば、信心の行者には天神地祇も敬伏し、魔界外道も障礙することなし。罪悪も業報も感ずることあたはず、諸善もおよぶことなきゆへに、無礙の一道なりと云云」と『歎異鈔』には記されている。迷信は何に依って生ずるのであるか。『華厳経』には「占相をはなれて、正見を修習せしめ、決定してふかく罪福の因縁を信ずべし。」〔欄外 1562〕とある。迷信の生ずるのは正見を欠き、罪福の因縁を信じない故である。罪福の因縁を信じない者は、自己の幸不幸を天や鬼神の星辰の力によるものと考え、かくして天を拝したり、鬼を祠ったり、星を占ったりする。しかし彼らは果して真に超越的なものに帰依しているのであろうか。彼等が天や鬼神を畏れるのは自己のこの世における感性的な幸福を求めるためである。彼等は我愛、我慢のこころを離れず、我に執著している。『起信論』には「外道の所有の三昧は、みな見愛我慢の心をはなれず」〔欄外 1573〕といっている。[*1] かくして迷信の根拠は我愛、我慢のこころであり、我を超越した天や鬼を拝している者は実は我を拝しているのである。それらの天神や鬼神が擬人的に表象されるのも当然である。

＊1　『倶舎論』には、「衆人、所逼を怖れて多く諸仙の園苑、及び叢林、孤樹、制多等に帰依す。」〔欄外 1507〕とあるが、迷信の起原は我々の生の「所逼」、災害、無常等の生の窮迫を怖れて、現在の欲楽を求めるところから邪神淫祠が生ずるのである。

偶像崇拝や庶物崇拝は人間が人間以下の邪神や自然物の奴隷となることであり、全くの邪道である。かような邪道が盛んになるということも末法時の悲しさである。『首楞厳経』にいう、「わが滅度ののち、末法のなかに、この魔民おほからん、この鬼神おほからん、この妖邪おほからん。世間に熾盛にして、善知識と称して、もろもろの衆生をして愛見の坑におとさしめん。菩提の路を失し、眩惑無識にして、おそらくは心を失せしめん。所過のところに、その家耗散して、愛見の魔となりて、如来の種を失せん。」〔欄外 1563〕

ところで親鸞は拝天、祠鬼、占星等の迷信について論ずるに当り、特に『弁正論』を引いて、道家の思想を批判している。道家の思想は多く迷信を生ぜしめたからである。これに対して右の『論語』からの引用は鬼神に事えることの非なるを述べたものであり、親鸞が儒教のヒューマニズムを重んじたことが知られる。

仏教と外教とはどこまでも区別されねばならぬ。道家の如きは虚無恬淡を説いて一見仏教の根本思想と等しいようであるが、これに対して親鸞は『弁正論』を引いて批判を加えている。儒教の説くところは正しいにしても、「ただこれ世間の善」〔欄外 1612〕に過ぎない。仏教は絶対的である。この絶対的真理に対してその余の教はすべて邪教である。〔欄外 1612〕『涅槃経』には道に九十六種があって、ただ仏の一道のみが正道であり、他の九十五種はみな外道であると述べている。「九十五種みな世を汚す、ただ仏の一道のみひとり清閑なり」〔欄外 891〕と善導はいっている。仏教とその他の教との価値の差別は絶対的である。我々は先ずこのことを知らねばならぬ。仏教は絶対的真理であり、他の教の真理は相対的価値を有するに過ぎぬ。しかも、相対的真理はその相対的価値においていかに高まるにしても、またそのすべてを加え合せても絶対的真理となることはできない。

我々にとって何よりも必要なことは先ずこの絶対的真理を把捉することである。しかもこれはただ超越によって捉えられることができる。信とはかくの如き超越を意味している。相対的真理から絶対的真理へは非連続的である。これに反して絶対的真理から相対的真理へは連続的である。前者は後者の根拠としてこれを含むことができる。親鸞は信巻において『浄土論註』から次の文を引いている。「もし諸仏菩薩、世間出世間の善道を説きて、衆生を教化するひとましまさずば、あに仁義礼智信あることを知らんや。かくのごとき世間の一切善法みな断じ、出世間の一切賢聖みな滅しなん。」〔欄外970〕すなわち世間の法たる仁義礼智信の五常もまた仏道におさまるのである。仏法があるによって世間の道も出てくるのである。

二　死について（『人生論ノート』より）

※本章は、「人生論ノート」『三木清全集』第一巻（岩波書店）を底本とした。なお、収録にあたり、旧字体は新字体に、旧仮名遣いは新仮名遣いに改めた。

近頃私は死というものをそんなに恐しく思わなくなった。年齢のせいであろう。以前はあんなに死の恐怖について考え、また書いた私ではあるが。

思いがけなく来る通信に黒枠のものが次第に多くなる年齢に私も達したのである。この数年の間に私は一度ならず近親の死に会った。そして私はどんなに苦しんでいる病人にも死の瞬間には平和が来ることを目撃した。墓に詣でても、昔のように陰惨な気持になることがなくなり、墓場をフリードホーフ（平和の庭——但し語原学には関係がない）と呼ぶことが感覚的な実感をぴったり言い表わしていることを思うようになった。

私はあまり病気をしないのであるが、病床に横になった時には、不思議に心の落着きを覚えるのである。病気の場合のほか真実に心の落着きを感じることができないというのは、現代人の一つの顕著な特徴、すでに現代人に極めて特徴的な病気の一つである。

実際、今日の人間の多くはコンヴァレサンス（病気の恢復）としてしか健康を感じることができないのではなかろうか。これは青年の健康感とは違っている。恢復期の健康感は自覚的であり、不安定である。健康というのは元気な若者においてのように自分が健康であることを自覚しない状態であるとすれば、これは健康ということもできぬようなものである。すでにルネサンスにはそのような健康がなかった。ペトラルカなどが味わったのは病気恢復期の健康である。そこから生ずるリリシズムがルネサンス的人間を特徴附けている。だから古典を復興しようとしたルネサンスは古典的であったのではなく、むしろ浪漫的であったのである。新しい古典主義はその時代において新たに興りつつあった科学の精神によってのみ可能であった。ルネサンスの古典主義者はラファエロでなくてリオナルド・ダ・ヴィンチであった。健康が恢復期の健康としてしか感じられないところに現代の根本的な抒情的、浪漫的性格がある。いまもし現代が新しいルネサンスであるとしたなら、そこから出てくる新しい古典主義の精神は如何なるものであろうか。

愛する者、親しい者の死ぬることが多くなるに従って、死の恐怖は反対に薄らいでゆくように思われる。生れてくる者よりも死んでいった者に一層近く自分を感じるということは、年齢の影響に依るであろう。三十代の者は四十代の者よりも二十代の者に、しかし四十代に入った者は三十代の者よりも五十代の者に、一層近く感じるであろう。四十歳をもって初老とすることは東洋の智慧を示している。それは単に身体の老衰を意味するのでなく、むしろ精神の老熟を意味している。この年齢に達した者にとっては死は慰めとしてさえ感じられることが可能になる。死の恐怖はつねに病的に、誇張して語られている、今も私の心を捉えて離さないパスカルにおいてさえも。真実は死の平和であり、この感覚は老熟した精神の健康の徴表である。どんな場合にも笑って死んでゆくという支那人〔底本のママ、以下同（編集部）〕は世界中で最も健康な国民であるのではないかと思う。ゲーテが定義したように、浪漫主義というのは一切の病的なもののことであり、古典主義というのは一切の健康なもののことであるとすれば、死の恐怖は浪漫的であり、死の平和は古典的であるということもできるであろう。死の平和が感じられるに至って初めて生のリアリズムに達するともいわれるであろう。支那人が世界のいずれの国民よりもリアリストであると考えられることにも意味がある。われ未だ生を知らず、いづくんぞ死を知らん、といった孔子の言葉も、この支那人の性格を背景にして実感がにじみ出てくるようである。パスカルはモンテーニュが死に対して無関心であるといって非難したが、私はモンテーニュを読んで、彼には何か東洋の智慧に近いものがあるのを感じる。最上の死は予め考えられなかった死である、と彼は書いている。支那人とフランス人との類似はともかく注目すべきことである。

死について考えることが無意味であるなどと私はいおうとしているのではない。死は観念である。そして観念らしい観念は死の立場から生れる、現実或いは生に対立して思想といわれるような思想はその立場から出てくるのである。生と死とを鋭い対立において見たヨーロッパ文化の地盤——そこにはキリスト教の深い影響がある——において思想というものが作られた。これに対して東洋には思想がないといわれるであろう。もちろん此処にも思想がなかったのではない、ただその思想というものの意味が違っている。西洋思想に対して東洋思想を主張しようとする場合、思想とは何かという認識論的問題から吟味してかかることが必要である。

私にとって死の恐怖は如何にして薄らいでいったか。自分の親しかった者と死別することが次第に多くなったためである。もし私が彼等と再会することができる——これは私の最大の希望である——とすれば、それは私の死においてのほか不可能であろう。仮に私が百万年生きながらえるとしても、私はこの世において再び彼等と会うことのないのを知っている。そのプロバビリティは零である。私はもちろん私の死において彼等に会い得ることを確実には知っていない。しかしそのプロバビリティが零であるとは誰も断言し得ないであろう、死者の国から帰ってきた者はないのであるから。二つのプロバビリティを比較するとき、後者が前者よりも大きいという可能性は存在する。もし私がいずれかに賭けねばならぬとすれば、私は後者に賭けるのほかないであろう。

仮に誰も死なないものとする。そうすれば、俺だけは死んでみせるぞといって死を企てる者がきっと出てくるに違いないと思う。人間の虚栄心は死をも対象とすることができるまでに大きい。そのような人間が虚栄的であることは何人も直ちに理解して嘲笑するであろう。しかるに世の中にはこれに劣らぬ虚栄の出来事が多いことにひとは容易に気附かないのである。

執着する何ものもないといった虚無の心では人間はなかなか死ねないのではないか。執着するものがあるから死に切れないということは、執着するものがあるから死ねるということである。深く執着するものがある者は、死後自分の帰ってゆくべきところをもっている。それだから死に対する準備というのは、どこまでも執着するものを作るということである。私に真に愛するものがあるなら、そのことが私の永生を約束する。

死の問題は伝統の問題につながっている。死者が蘇りまた生きながらえることを信じないで、伝統を信じることができるであろうか。蘇りまた生きながらえるのは業績であって、作者ではないといわれるかも知れない。しかしながら作られたものが作るものよりも偉大であるということは可能であるか。原因は結果に少くとも等しいか、もしくはより大きいというのが、自然の法則であると考えられている。その人の作ったものが蘇りまた生きながらえるとすれば、その人自身が蘇りまた生きながらえる力をそれ以上にもっていないということが考えられ得るであろうか。もし我々がプラトンの不死よりも彼の作品の不滅を望むとすれば、それは我々の心の虚栄を語るものでなければならぬ。しんじつ我々は、我々の愛する者について、その者の永生より以上にその者の為したことが永続的であることを願うであろうか。

原因は少くとも結果に等しいというのは自然の法則であって、歴史においては逆に結果はつねに原因よりも大きいというのが法則であるといわれるかも知れない。もしそうであるとすれば、それは歴史のより優越な原因が我々自身でなくて我々を超えたものであるということを意味するのでなければならぬ。この我々を超えたものは、歴史において作られたものが蘇りまた生きながらえることを欲して、それを作るに與って原因であったものが蘇りまた生きながらえることは決して欲しないと考えられ得るであろうか。もしまた我々自身が過去のものを蘇らせ、生きながらえさせるのであるとすれば、かような力をもっている我々にとって作られたものよりも作るものを蘇らせ、生きながらえさせることが一層容易でないということが考えられ得るであろうか。
私はいま人間の不死を立証しようとも、或いはまた否定しようともするのではない。私のいおうと欲するのは、死者の生命を考えることは生者の生命を考えることよりも論理的に一層困難であることはあり得ないということである。死は観念である。それだから観念の力に頼って人生を生きようとするものは死の思想を掴むことから出発するのがつねである。すべての宗教がそうである。

伝統の問題は死者の生命の問題である。それは生きている者の生長の問題ではない。通俗の伝統主義の誤謬――この誤謬はしかしシェリングやヘーゲルの如きドイツの最大の哲学者でさえもが共にしている――は、すべてのものは過去から次第に生長してきたと考えることによって伝統主義を考えようとするところにある。かような根本において自然哲学的な見方からは絶対的な真理であろうとする伝統主義の意味は理解されることができぬ。伝統の意味が自分自身で自分自身の中から生成するもののうちに求められる限り、それは相対的なものに過ぎない。絶対的な伝統主義は、生けるものの生長の論理でなくて死せるものの生命の論理を基礎とするのである。過去は死に切ったものであり、それはすでに死であるという意味において、現在に生きているものにとって絶対的なものである。半ば生き半ば死んでいるかのように普通に漠然と表象されている過去は、生きている現在にとって絶対的なものであり得ない。過去は何よりもまず死せるものとして絶対的なものである。この絶対的なものは、ただ絶対的な死であるか、それとも絶対的な生命であるか。死せるものは今生きているもののように生長することもなければ老衰することもない。そこで死者の生命が信ぜられるならば、それは絶対的な生命でなければならぬ。この絶対的な生命は真理にほかならない。従って言い換えると、過去は真理であるか、それとも無であるか。伝統主義はまさにこの二者択一に対する我々の決意を要求しているのである。それは我々の中へ自然的に流れ込み、自然的に我々の生命の一部分になっていると考えられるような過去を問題にしているのではない。

かような伝統主義はいわゆる歴史主義とは厳密に区別されねばならぬ。歴史主義は進化主義と同様近代主義の一つであり、それ自身進化主義になることができる。かような伝統主義はキリスト教、特にその原罪説を背景にして考えると、容易に理解することができるわけであるが、もしそのような原罪の観念が存しないか或いは失われたとすれば如何であろう。すでにペトラルカの如きルネサンスのヒューマニストは原罪を原罪としてでなくむしろ病気として体験した。ニーチェはもちろん、ジイドの如き今日のヒューマニストにおいて見出されるのも、同様の意味における病気の体験である。病気の体験が原罪の体験に代ったところに近代主義の始と終がある。ヒューマニズムは罪の観念でなくて病気の観念から出発するのであろうか。罪と病気との差異は何処にあるのであろうか。罪は死であり、病気はなお生であるのか。死は観念であり、病気は経験であるのか。ともかく病気の観念から伝統主義を導き出すことは不可能である。それでは罪の観念の存しないといわれる東洋思想において、伝統主義というものは、そしてまたヒューマニズムというものは、如何なるものであろうか。問題は死の見方に関わっている。

三　孤独について（『人生論ノート』より）

※本章は、「人生論ノート」『三木清全集』第一巻（岩波書店）を底本とした。なお、収録にあたり、旧字体は新字体に、旧仮名遣いは新仮名遣いに改めた。

「この無限の空間の永遠の沈黙は私を戦慄させる」（パスカル）。

孤独が恐しいのは、孤独そのもののためでなく、むしろ孤独の条件によってである。恰も、死が恐しいのは、死そのもののためでなく、むしろ死の条件によってであるのと同じである。しかし孤独の条件以外に孤独そのものがあるのか。死の条件以外に死そのものがあるであろうか。その条件以外にその実体を捉えることのできぬもの、——死も、孤独も、まことにかくの如きものであろうと思われる。しかも、実体性のないものは実在性のないものといえるか、またいわねばならないのであるか。

古代哲学は実体性のないところに実在性を考えることができなかった。従ってそこでは、死も、そして孤独も、恰も闇が光の欠乏と考えられたように、単に欠乏（ステレーシス）を意味するに過ぎなかったであろう。しかるに近代人は条件に依って思考する。条件に依って思考することを教えたのは近代科学である。だから近代科学は死の恐怖や孤独の恐怖の虚妄性を明かにしたのでなく、むしろその実在性を示したのである。

孤独というのは独居のことではない。独居は孤独の一つの条件に過ぎず、しかもその外的な条件である。むしろひとは孤独を逃れるために独居しさえするのである。隠遁者というものはしばしばかような人である。

孤独は山になく、街にある。一人の人間にあるのでなく、大勢の人間の「間」にあるのである。孤独は「間」にあるものとして空間の如きものである。「真空の恐怖」——それは物質のものでなくて人間のものである。

孤独は内に閉じこもることではない。孤独を感じるとき、試みに、自分の手を伸して、じっと見詰めよ。孤独の感じは急に迫ってくるであろう。

孤独を味うために、西洋人なら街に出るであろう。ところが東洋人は自然の中に入った。彼等には自然が社会の如きものであったのである。東洋人に社会意識がないというのは、彼等には人間と自然とが対立的に考えられないためである。

東洋人の世界は薄明の世界である。しかるに西洋人の世界は昼の世界と夜の世界である。昼と夜との対立のないところが薄明である。薄明の淋しさは昼の淋しさとも夜の淋しさとも性質的に違っている。

孤独には美的な誘惑がある。孤独には味いがある。もし誰もが孤独を好むとしたら、この味いのためである。孤独の美的な誘惑は女の子も知っている。孤独のより高い倫理的意義に達することが問題であるのだ。

その一生が孤独の倫理的意義の探求であったといい得るキェルケゴールでさえ、その美的な誘惑にしばしば負けているのである。

感情は主観的で知性は客観的であるという普通の見解には誤謬がある。むしろその逆が一層真理に近い。感情は多くの場合客観的なもの、社会化されたものであり、知性こそ主観的なもの、人格的なものである。真に主観的な感情は知性的である。孤独は感情でなく知性に属するのでなければならぬ。

真理と客観性、従って非人格性とを同一視する哲学的見解ほど有害なものはない。かような見解は真理の内面性のみでなく、また特にその表現性を理解しないのである。

いかなる対象も私をして孤独を超えさせることはできぬ。孤独において私は対象の世界を全体として超えているのである。

孤独であるとき、我々は物から滅ぼされることはない。我々が物において滅ぶのは孤独を知らない時である。

物が真に表現的なものとして我々に迫るのは孤独においてである。そして我々が孤独を超えることができるのはその呼び掛けに応える自己の表現活動においてのほかない。アウグスティヌスは、植物は人間から見られることを求めており、見られることがそれにとって救済であるといったが、表現することは物を救うことであり、物を救うことによって自己を救うことである。かようにして、孤独は最も深い愛に根差している。そこに孤独の実在性がある。

四　宗教について（『手記』より）

※本章は、「手記」『三木清全集 第十八巻』（岩波書店）を底本とした。なお、採録にあたり、旧字体は新字体に、旧仮名遣いは現代仮名遣いに改めた。

先ず最初に云っておこう。私は元来宗教的傾向をもった人間である。私はこのことを単に断言するのでなく、私の著書『パスカルに於ける人間の研究』がそれに対する立派な証拠を与えている筈である。そこにはパスカルに対する私の解釈を通じて私の宗教的感情が流れている筈だ。そしてこの私の宗教的な気持こそが私を究極に於てマルクス主義者たることを不可能ならしめるところのものの一つである。

マルクス主義の宗教論が、若しこれを文明批評として見るならば、多くの真理を含んでいることは争われない。現代の宗教界の堕落の事実に対しては、正直に事物を観察し得る者である限り、何人もこれを否定することが出来ない。教会または寺院宗教家は自分で搾取しているか若くは搾取している者の代弁者であるかである。然しながらそれは「宗教」がそうなのであろうか。否、そのような事実は、寺院や僧侶のうちに実に「宗教」が死滅しているがために生じているのではないか。真に宗教を目的として生活している宗教家がなく、宗教を手段として生活している宗教家のみであるからである。そこには宗教の名のみがあってその実が失われ、その形骸のみが存在して、その生命が死滅しているがためである。

苟も真に信仰ある宗教家が存在するならば、彼は宗教界の現状に対して、はたまた現在の社会状態に対して口を緘して傍観することは出来ないであろう。

真の宗教家はつねに貧しき者の味方であった。そして自分は乞食の生活に甘んじ、与えることを知って取ることを知らなかったのである。

ところでマルクス主義者は云う、宗教は死滅する、と。私の問題は主としてここにあるのである。マルクス主義者が「宗教は阿片である」と云うとき、若しそれが宗教の現状に対する批判の言葉であるならば、私はこれを認めざるを得ない。更にまたマルクス主義者が現在に於ける人類の解放は宗教によってなされることが出来ないと云うならば、この点もまた私は恐らく認めてもよいであろう。然しながら宗教は死滅するというマルクス主義唯物論の根本的主張に対しては、私は到底賛成することが出来ないのである。

私は云う、宗教は時代に応じてその形態を変化する、然しそれは死滅しはしない。例えばキリスト教の歴史に於て、宗教改革によってプロテスタンティシズムという新しい形態が生じた。

プロテスタンティシズムが資本主義社会という社会の新しい形態に相応したものであるということは、多くの人々によって説かれているところである。キリスト教は旧教から新教という形態を採るに至ったが、然しそれは死滅したのではないのである。近代資本主義社会への転形期、即ち哲学史上所謂啓蒙時代に於ても盛んに無神論が宣伝された。けれども宗教は今日に至るまで存続しているのである。いったい既に数千年この方存在して来たところの、従来の文化に於ける最も重要なる要素或いは勢力の一つであるところの宗教が無くなると云われ得るためには、何等か極めて有力な根拠があるのでなければならぬ。然るにマルクス主義がそのために主張するところはなお私を説得せしめるに足りない。

私は他の場合に既にマルクス主義が哲学上の実証主義的傾向を帯びていること、そしてその点に於て私の同意し得ざることを述べた。マルクス主義に於ける実証主義はその宗教論に於ても明かに現われている。普通に実証主義の代表者として知られるコントが人間歴史の発展の段階を神学的、形而上学的、実証的の三つに分ったとき、その主意は昔は宗教的神話的観念の助けを借りて説明されていた自然の諸現象が今日では実証的な合理的な自然科学によって説明されるに至ったという風に考え、これをもって人類の歴史の進歩の方向を示すものと見倣したところにあった。即ち宗教は未発達な科学にほかならない、従って科学が発達すれば宗教は自然と消滅する。いまマルクス主義の宗教否定の思想のうちにはその一要素としてこのような考え方が含まれている。マルクス主義者は考える、宗教が神秘的に表象し、神秘釣に解決しているところの問題をば、科学は合理的に把握し且つ合理的に解決することが出来る。それ故にマルクス主義的科学の出現した後に於てはもはや宗教の存在する余地はない。嘗てライプニッツは美をもって知識の低い段階であるとした。即ち科学が明晰判明なる表象であるのに対して、美とは混乱せる、曖昧なる表象のことである。そこで近世美学の祖と云われるライプニッツ学派の人バウムガルテンは「感覚論」を意味する“Aesthetica”という名前のもとに於て美を論じ、そしてこの語が現代欧州語に於ける「美学」という言葉の源となっている。ところでマルクス主義者は美をもって科学の低い、未発達の段階であるとは考えていない。芸術は科学からどこまでも独立に存在するものであり、従って後者の発達によって前者は消滅させられるものではない、と彼等は見做しているのである。然しながら若し科学の発達によって宗教が死滅するものであるとするならば、何故に、まさにその同じ理由によって芸術も消滅しないであろうか。なぜなら美は、これを科学的に云えば、要するに仮象（Schein）にほかならないからである。科学の発達にも拘らず、なおそれとは独立に芸術が存在するとするならば、それはまさに人間の「本性」のうちに美を創造し美を享受する能力が具っているからである。芸術に関係するところの、このような「自然的な」人間の能力をひとは普通に「感情」と呼んでいる。そしてマルクス主義者と雖も芸術が感情とつながっていることを認めているのである。科学が「思惟」のことであるに反して、芸術は思惟の能力とは区別される感情のことである。科学と芸術とが相互に区別され、各々独立に——固よりこの独立性は絶対的でない——存在しているのは、人間の本性そのものに於ける思惟と感情との自然的な区別に基礎をもつのである。それでは宗教はこのような意味に於て人間の本性のうちにその自然的な基礎をもたないであろうか。

マルクス主義はこの問に対して否と答える。そしてそこにマルクス主義の宗教死滅論のひとつの根拠がある。マルクス主義によれば宗教はどこまでも「社会的な」起源のものであって、それは人間の「本性」に於ける「自然的な」基礎をもたないものである。階級間の対立、一階級の他の階級の搾取、生産の無統制、市場の存在、そのほか生産の弱小等々、マルクス主義は凡て社会的なものに宗教の根源を見出そうとしている。若しこのような社会的状態にして絶滅されるならば、即ち若し階級対立もなく、搾取もなく、市場の盲目的な力も在在し得ざる社会にして実現されるならば、宗教は必然的に死滅してしまう。なぜならそこにはもはや宗教を成立せしめる何等の社会的基礎も存在しないからである。原因が無くなれば結果はおのずから無くなるの理である。

人間と人間との対立、或いは社会に於ける階級間の対立がもはや存在しない社会を仮定してみよう。そこにもなお社会と自然、寧ろ人間と自然との間の対立乃至矛盾は依然として存在するに相違ない。人間と自然との対立のうち最も重大なものは「死」である。死は我々の如何ともなし得ざる我々の自然である。しかも生のあるところ死は到るところに刻々にこれに伴っているのである。人間の生活にして死という問題を含んだものである限り、宗教は社会に於ける「社会的」矛盾の消滅と共に消滅すべきものとは思われないのである。

なるほど宗教は社会的である。それは社会的に制約せられ、社会性を担っている。然しそれだからと云って、宗教は徹頭徹尾社会的に制約されているということは出来ない。このことは芸術や科学の場合を考えて見れば分る。マルクス主義は芸術の階級性について語る。けれどもそれだからと云ってマルクス主義は芸術がどこまでも社会に於ける階級対立にその基礎をもち、かくて階級の対立なき社会の到来と共に消滅するなどとは主張しないのである。

芸術について主張され得ないことが何故に宗教についてのみは主張され得るのであるか、私は理解することが出来ない。宗教は明かに社会的、従ってまた階級的な制約を担っている、しかしそれは人間の本性そのもののうちにも同様に深く根差している、と私は考える。宗教のかくの如き「自然的な」根差の深さについて知るためにはただ偉大なる宗教家の魂の告白たる書物を読めばよい。オーガスチンを、ルーテルを、パスカルを。そしてまた親鸞を。

実際マルクス主義者たちはあまり「宗教家」（homo religiosus）を研究していないようだ。そして彼等はただ宗教の外面的な、社会的、政治的な事実にのみ注目している。然しながら「芸術家」を離れて芸術が理解出来ないのと同じように、真の「宗教家」を除いて宗教を知ることは不可能である。私はマルクス主義者がエレミヤ、パウロ等の偉大なる宗教家を研究することを勧める。そのとき彼等は宗教が真に人間の本性のうちにその根源をもっていることを認識するであろう。凡ての人間が芸術的創作をなし得ないからとて芸術が虚妄であるわけでない。世間の多くの人間が宗教に於て、ただ社会的な原因から生じ、従ってまた社会的に解決され得るところのもの、例えば貧困、の解決を――現世に於てでなく、彼岸に於てさえ――求めているに過ぎないからと云って、真の「宗教家」の宗教が凡てまたそうであるとは云い得ないのである。

尤も次のことを注意しておかねばならぬ。私は宗教が二つの方面若くは要素、即ち社会的要素と自然的要素とを含んでいると考える。然しながらこれら二つの要素がいつの時代に於てもつねに平等に我々にとって問題になっているわけでない。凡て人間はそれぞれの時代に於て、存在のうちに含まれるただ一定の方面若くは要素をのみ問題にするように余儀なくされている。そしてかく「問題にされた」要素がそれぞれの時代にとってその存在に於て「顕わになっている」方面であり、これに反してその存在に於ける他の諸要素はおのずからそのとき「埋没」してしまっているのがつねである。これは私の根本思想のひとつであるが、今これを先ずマルクスの『資本論』に於て取扱われている「商品」を例として説明してみよう。マルクスの分析に従えば、商品には二つの要素が含まれている。使用価値と交換価値とがこれである。そしてなお彼の叙述からして、我々は使用価値が商品に於ける「自然的な」要素であり、そして交換価値がそれの「社会的な」要素であるのを知ることが出来る。ところでマルクスはその『資本論』に於て一旦先ず商品のうちに含まれるこれら二つの要素を明かにした後に、次に商品からその使用価値の方面を捨象して、その後はただ交換価値についてのみ論述している。『資本論』に於ては商品の交換価値から出発してその全運動が叙述されているのであって、最初に商品の一要素として示された使用価値の方面は全く捨象されてしまっている。これは如何なる理由によるのであろうか。蓋し「資本家的な」生産の仕方が行はれている社会に於ける商品の「優越なる存在の仕方」を規定するものは、その交換価値である。これに於てそのとき商品の存在は「顕わ」になっている。これに反してその場合、それの使用価値は、私の言葉を用いるならば、「埋没」しているのである。それは実に「埋没」しているのであって、決して全く「無い」のでもなければ、無くなってしまったのでもない。なぜなら若しも商品なるものにして、使用価値を全く含まないとすれば、それが社会に於て——資本家社会であっても——苟も交換されるということは全然あり得ないことでなければならぬからである。使用価値は無いのでなくして、ただ埋没して顕わでないだけである。宗教についてもまた同様のことが語られねばならぬであろう。宗教のうちに含まれているところの「自然的な」要素は、なるほど、現代の社会に於ては埋没してしまっている。否、むしろ埋没することを余儀なくされている。そこにはそれの社会的な要素のみが顕わである。然しながら宗教の自然的な本質は、要するに単に埋没しているのであって、決して無いわけではないのである。それだから、それは一定の時代に於て、一定の関係のもとにあっては、必らずや再び顕現すべきものである。マルクス主義者が宗教をただ単に社会的な起源のものと考えているのは、恰も商品を単に交換価値と見做して、それが同時に使用価値であることを忘れているのと同様である、と私には思われるのである。

誤謬の出発点はマルクス主義者に於ける宗教に対する理解の不十分にある。私は今それを一々ここに指摘することが出来ない。なぜなら、そのためにも全宗教論を展関することが必要であるからである。ここではただ一二の例をもって満足しよう。例えば、マルクス主義者は宗教をもって本質的に「彼岸主義」であるとしている。云うまでもなく「超越」ということは宗教の本質に属している。しかしこの超越は彼岸主義とは直ちに同一ではない、それのみならず、宗教に於ては、超越（Transzendenz）の反面には必ず内在（Immanenz）がある。神は単に超越的としてでなく、同時にまた内在的として考えられる。宗教は凡て現実を逃避して彼岸の世界を求めるのではない。寧ろ現実に対する最も熱烈な闘争をも宗教は要求しているのである。次にマルクス主義者は宗教をもって単に「観念論的」であると見做している。この見方もまた不十分である。宗教にあっては、本来、ただ所謂「霊魂」が問題になっているのでなくして、却ってそこでは人間の「全存在」が問題になっているのである。霊魂と雖も、それが人間の「全存在」の問題と関係して問題となる限りに於て初めて宗教的な意味をもつのである、と云われなければならぬ。

附録

1　伝統論

2　死と教養とについて――出陣する或る学徒に答う

1　伝統論

※本章は、「伝統論」『三木清全集　第十四巻』（岩波書店）を底本とした。なお、収録にあたり、旧字体は新字体に、旧仮名遣いは新仮名遣いに改めた。

一

伝統という語は伝え、伝えられたものを意味している。伝え、伝えられたものとは何を意味するであろうか。ベルンハイムは遺物 Ueberreste と伝統 Tradition とを区別している。遺物とは出来事について直接に残存している一切のものをいい、伝統とは出来事について間接に人間の把握によって貫かれ再現されて伝えられているものをいう。この区別はドゥロイセンの「我々がその理解を求めるところのかの現在からなお直接に残っているもの」と「そのうち人間の表象のうちに入り、追憶のために伝えられているもの」との区別に当っている。かくてベルンハイムによると、遺骨とか言語とか制度とか技術、科学、芸術の如きものは遺物に属し、歴史画とか物語絵とか年代記、伝記等は伝統に属している。このように歴史家が史料の分類上設けた区別はもちろん直ちに我々の一般的な目的に適しないであろう。言語の如きものは、我々はこれを普通に伝統と考えている。しかしそれにも拘らず遺物と伝統との区別は重要である。言語などにしても、その痕跡が残っていても全く死んでしまったものは伝統とはいわれず、遺物といわねばならぬ。即ち伝統は、単なる遺物と区別されて、現在もなお生きているものを意味している。しかるに過去のものが現在もなお生きているというには、その間において絶えず「人間の把握によって貫かれ」、「人間の表象のうちに入る」ということがなければならぬ。その限りベルンハイムの規定は正しいのである。かように絶えず人間の表象のうちに入り、人間の把握によって貫かれるということが伝えられるという意味である。言い換えると、遺物が単に客観的なものであるのに反して、伝統はつねに主体的に把握されたものである。伝統は単に客観的なものでなく、主観的・客観的なものである。過去のものが伝えられるというには、主体的に把握されることによって現在化されるということがなければならぬ。伝えるということを除いて伝統はなく、伝えるということは過去のものを現在化することであり、この行為はつねに現在から起るのである。伝統は行為的に現在に活かされたものであるが、現在の行為はつねに未来への関係を含み、行為によって過去の伝統は現在と未来とに結び附けられている。

二

普通に伝統は過去から連続的に我々にまで流れてきたものの如く考えられる。伝統は連続的なものであって、我々はその流のうちにあると考えられている。しかしながらかような見方は少くとも一面的である。先ず伝統のうちには連続的でないものがある。或る時代には全く忘却されていたものが後の時代に至って伝統として復活するということは歴史においてしばしば見られるところである。それが復活するのはその時代の人々の行為にもとづいている。伝統をただ連続的なものと考えることは、それをかように行為的なものと考えないで、何か自然的なもののように考えることである。その場合歴史は単に自然生長的なものとなってしまう。歴史を自然生長的なもののように見るかかる連続観は、保守主義的な伝統主義のうちにも、進歩主義的な進化主義 Evolutionism のうちにも、存している。しかるにかくの如き連続観によっては、歴史における伝統の意味も、また発展の意味も、真に理解され得ない。歴史は自然生長的なものでなくて行為的なものであり、行為によって作られるもの、そして行為によって伝えられるものである。伝統は過去から連続的に我々のうちに流れ込んでおり、我々はこの流のうちにあると考えるとき、我々と伝統との関係は単に内在的なものとなる。しかるに行為は、物が我々に対して超越的であり我々が物から超越的であることによって可能であるのである。伝統を単に連続的なものと考える伝統主義は、如何にして行為が、従ってまた創造が可能であるかを説明することができぬ。そして行為のないところでは伝統は真に伝統として生きることもできぬ。それのみでなく、そのような伝統主義は自己が欲する如く伝統の権威を基礎附けることもできないであろう。伝統が権威を有することは、それが超越的なものであり、我々から全く独立なものであることによって可能である。伝統が単に連続的な内在的なものであるならば、それは我々にとって権威を有することができず、我々はそれに対して責任あるものとされることができないのである。

かくて伝統主義の本質は、伝統の超越性を強調し、これに対する我々の行為的態度を力説するところになければならぬ。カール・シュミットは次の如く述べている。革命時代の能動的精神に対して、復古時代は伝統や習慣の概念、徐々の歴史的生長の認識をもって戦った。かような思想は自然的理性の完全な否定、およそ行為的になることを悪と見る絶対的な道徳的受動性を結果した。かような伝統主義は遂にあらゆる知的な自覚的な決断の非合理主義的な拒否となるのである。しかるに伝統主義の首唱者ボナルは、永久な、おのづから自分で発展する生成の思想から遠く離れている。彼にはシェリングの自然哲学、アダム・ミューレルの諸対立の混和、或いはヘーゲルの歴史信仰の如き伝統に対する信仰は存しない。彼にとって、個人の悟性は自分で真理を認識するには余りに弱く惨めなものであるので、伝統は人間の形而上学的信仰が受け容れ得る内容を獲得する唯一の可能性を意味している。伝統に対して我々は何等の綜合、何等の「より高い第三のもの」を知らぬ「此れか彼れか」の前に立っているのであり、ただ「決断」のみが問題である。シュミットはかかる決断の概念から彼の独裁の概念を導き出しているのであるが、ここで我々の注意すべきことは、伝統主義がシェリング、ミューレル、ヘーゲルなどの「ドイツ的センチメンタリズム」即ち浪漫主義、或いは連続的生成を考える有機体説、つまり内在論によってはその真の意味を明かにし得ないということである。伝統の概念は内在的発展の概念によっては基礎附けられることができぬ。

しかしながらまた伝統を右のような仕方で絶対化することは却って伝統と行為との真の関係を否定することになるであろう。伝統の前には決断するのほかないとしても、もし我々の悟性が自分で真理を認識する能力のないものであるとすれば、我々のかかる決断に真の価値があるであろうか。またもしその際我々はただ社会の伝統に従うに過ぎないとすれば、かかる行為を真に決断と称し得るであろうか。伝統を絶対的な真理として立てることそのこと自身、それをかかるものとして立てる我々の行為の結果である。伝統は我々の行為によって伝統となるのであり、従って伝統も我々の作るものであるということができる。創造なしには伝統なく、伝統そのものが一つの創造に属している。伝統となるものも過去において創造されたものであるのみでなく、現在における創造を通じて伝統として生きたものになるのである。その意味において伝統は単に客観的なものではない。単に客観的なものは伝統でなくて遺物に過ぎぬ。伝統と単なる遺物とを区別することが大切である。過去の遺物は現在における創造を通じてのみ伝統として生き得るのである。歴史の世界において真に客観的なものというのは単に客観的なものでなく、却って主観的・客観的なものである。いわゆる伝統主義者は伝統が現在の立場から行為的に作られるものであることを忘れ、かくて遺物を伝統の如く或いは伝統を遺物の如く考えるという誤謬に屢々陥っている。もとより伝統なしには歴史はない。そうであるとすれば、歴史は二重の創造であるということができる。初め創造されたものが再び創造されることによって伝統の生ずるところに歴史はある。この二重の創造は一つのものにおける創造である。そこに歴史が単に個人の立場からは理解され得ない理由がある。

三

およそ伝統と創造との関係は如何なるものであろうか。すべて歴史的に作られたものは形を有している。歴史は形成作用である。形は元来主観的なものと客観的なものとの統一であって、歴史的なものが主観的・客観的であるというのは、それがかかる形として形成されたものであることを意味している。形として歴史的に作られたものは超越的である。形において生命的なものは自己を犠牲にすることによって一つの他の生命の形式を発見するのである。それが創造の意味である。「詩とは感情の解放でなくて感情からの脱出である、それは人格の表現でなくて人格からの脱出である」、とティ・エス・エリオットはいっている。作られたものは形として作るものから独立になり、かくて歴史に伝わるのである。伝統とは形であるということができる。伝統が我々を束縛するというのも形として束縛するのであり、我々が伝統につながるというのも伝えられた形を媒質として創造するということである。何等の媒質もないところでは、我々の感情も思想も結晶することができぬ。「感情の『偉大さ』、強度が、素成分が問題であるのでなく、芸術的過程の強度が、いはばその下で鎔和が行われる圧力が問題である」、とエリオットはいっている。伝統はかかる圧力として創造の媒質である。それが圧力を意味するのはそれが形であるためである。創造には伝統が必要である。形が形を喚び起すのであり、そこに伝統があるのである。

伝統的なものは遺物とは異っている。遺物は歴史的世界において独立の生存権を有するものではない。しかるに伝統もまた創造されるものであった。伝統が創造されるというのは、それが形を変化する transform ということである。かくてあるかなきかの形は次第にさだかな形となり、弱い線、細い線は消し去られて太い線は愈々鮮かになってくるという風に、種々の形式における形の変化・形成が行われる。恰も人間が青年から壮年、壮年から老年へと形の変化を行う如く、歴史的なものはそれぞれ固有な形の変化を行うのであって、かような形の変化を行う限りそれは生命的なものと考えられるのである。作品は自己自身の運命を有するといわれるのもその意味である。制作者の手を離れた制作物は独立のものとなり、歴史において自己自身の形の変化を遂げる。もとよりそれは単なる外形の変化を意味するのではない。或るものはその外形までも変化することが可能であろうが、他のものにおいては、例えば芸術作品の如く、外形を変化することは不可能であろう。しかし形とは元来単に外的形式をいうのでなく、主観的なものと客観的なものとの統一を意味している。かかるものである故に、一度作られたものも再び主体的に把握されることによって新しい意味を賦与され、内面的に形の変化を遂げるのである。形の変化は、形が主観的なものと客観的なものとの、特殊的なものと一般的なものとの、パトス的なものとロゴス的なものとの統一であるところから考えられる。もちろん伝統は破壊され没落する。伝統も創造によって伝統として生きるのであるとすれば、伝統を作り得るものはまた伝統を毀し得るものでなければならぬ。伝統を毀し得るものであって伝統を有し得る、なぜなら伝統もまた作られるものであるから。伝統は既に形を有するものである故に、如何に変化するにしても限界がある。その変化の果てにおいて元の形は毀れて新しい形が出来てくる。かくの如く形が変化するというのも、形はもと主観的・客観的なもの、或いは特殊的・一般的なもの、或いはパトス的・ロゴス的なものとして、矛盾の統一であるからである。この統一が根本的に毀れるとき形の内面的変化は限界に達し、旧い伝統は没落して新しい形が創造されてくるのである。尤もこの創造それ自身何等かの伝統を媒質とすることなしには不可能である。一つの伝統を排斥する者は他の伝統によって排斥しているのである。

四

歴史は二重の創造であるということ、初め作られたものが更に作られるところに歴史があるということは、歴史の本来の主体が個人でなくて社会であるということを意味している。個人もまた社会から歴史的に作られたものである。歴史は社会が自己形成的に形を変化してゆく過程である。人間は社会から作られたものであって、しかも独立なものとして作られ、かくてみずから作ってゆくのであるが、人間のこの作用は社会の自己形成的創造の一分子として創造することにほかならぬ。従って人間においては自己の作るものが同時に自己にとって作られるものの意味を有している。制作が同時に出来事の意味を有している。そこに歴史というものがある。自己の作るものが自己にとって作られるものであることは特に伝統というものにおいて明瞭である。それだから伝統を我々にとってただ単に与えられたもののように考えるという誤解も起り得る。伝統は我々の作るものであり、それが同時に我々にとって作られるものの意味を有しているのである。いわゆる伝統主義者は人間の独立的活動を否定することによって伝統と単なる遺物とを区別することさえ忘れている。人間の独立性を否定することは社会の創造性を否定することである。社会の創造性は社会から作られる人間が独立なものとしてみずから作るところに認められねばならぬ。独立な人間と人間とは物を作ることにおいて結び附く。我の作ったものは我から独立になり、我を超えたものとして我と汝とを結び附ける。我々の作るものが超越的な意味を有するところに人間の創造性が認められる。かようにして作られたものは元来社会的なものである。我が作ることは社会が作ることに我が参加しているにほかならないのであるから。人間と人間とは作られたものにおいて結び附くのみでなく、むしろ根本的には作ることにおいて結び附くのである。我が作ることは実は社会の自己形成の一分子としての作用にほかならないのであるから。

伝統は社会における人間の行為が習慣的になることによって作られる。行為が習慣的になることがなければ伝統は作られないであろう。しかるに習慣的になるということは自然的になるということであり、習慣的になることによってイデー的なものは自然の中に沈むのである。かくして伝統は次第に身体の中に沈んでゆき、外に伝統を認めない場合においても我々は既に伝統的である。伝統は伝統的になることによって愈々深く社会的身体の中に沈んでゆく。我々の身体はその中に伝統が沈んでいるところの歴史的社会的身体の一分身である。伝統は客観的に形として存在すると共に主体的に社会的身体として存在する。伝統は元来超越的であると同時に内在的であるのである。身体のうちに沈んだ伝統はただ我々の創造を通じてのみ、新しい形の形成においてのみ、復活することができる。創造が伝統を生かし得る唯一の道である。

2　死と教養とについて――出陣する或る学徒に答う

※本章は、「死と教養とについて」『三木清全集 第十四巻』（岩波書店）を底本とした。なお、採録にあたり、旧字体は新字体に、旧仮名遣いは現代仮名遣いに改めた。

×君。お手紙有難う。君が入隊の日も近づき、ますます御健康の由、何よりも結構なことだ。先日お目にかかり、君の心構えを知って、安心している。あらためて申し上げることはない。全く君を信頼している。ただ、元気で出掛け給え、と申したい。しかし、君が書簡の中で私の意見を求めた問題について、沈黙することは失礼であると思われるから、簡単にお答えする。

ここで私は死の問題について哲学めいた議論を始めようとは考えない。死生は一だとか、死に切ることが真に生きることだとかといった言葉は、君もすでに飽きるほど聞いたり読んだりしていることだろう。これらの言葉には、もちろん真理が含まれている。だが問題は、その真理への通路がどこにあるかということである。その通路が見出されなければ、一切の弁証は空語に等しい。

死の問題は伝統の問題であると私は数年前に書いたことがあるが君は記憶してくれているであろう

か。人間は伝統において死ぬることができる。死の真理に到達するということは伝統の真理性を把握するということと同じである。死が宗教的な問題であるというのも宗教が最も本質的に伝統的なものである故にほかならないと思う。

死生は一だ、というのは真理である。だがこれを弁証的に理解したからとて、死ねるものではない。死ぬるということは知識の問題でなく信念の問題であると言われる。しからばどうして信じることができるのか。我々は伝統において信じるのである。伝統というものは単に一般的な真理ではない。『歎異鈔』の中に次のような言葉があるのを君は知っている筈だ。

「念佛は、まことに淨土にむまるるたねにてやはんべるらん、また地獄におつる業にてやはんべるらん、總じてもて存知せざるなり。たとひ法然上人にすかされまゐらせて、念佛して地獄におちたりとも、さらに後悔すべからずさふらふ。」私はこの言葉のうちに伝統というものの本質が顯わされていると思う。故に「彌陀の本願まことにおはしまさば、釈尊の説教虚言なるべからず。仏説まことにおはしまさば、善導の御釋虚言したまふべからず、善導の御釋まことならば、法然のおほせそらごとならんや。」と言うのである。

伝統というものは単なる習慣ではない。昔の武士の切腹は単なる習慣によるものではなく、彼等は武士の伝統を信じたが故に切腹することができたのである。人間は単なる習慣によって死ねるものではない。習慣によって死ねるのは植物や動物のことである。人間は伝統の中に死に、そして伝統の中に生きるのである。最も宗教的な死も、伝統において死ぬることである。死の問題は伝統の真理性の問題であり、従って歴史的真理の問題にほかならない。歴史的真理は一般的抽象的なものでなく、つねに個別的具体的なものである。もし君が死の問題について何か躓くことがあるなら、伝統の問題に通路を求めて戴きたいと思う。

今日、多くの日本人が戦場に出ている。彼等が死を恐れないのは決して、西洋人が言うように本能によるのではない。彼等は靖国の伝統を信じ、この伝統の中に生き、この伝統の中に死ぬることができるのである。日本の兵隊の死生観は靖国の伝統にある。彼等の多数はいわゆる哲学を知らないし、いわゆる宗教を持たないであろう。彼等にとって死ぬるということは靖国の伝統を継ぐことである。それは決して本能ではなくて伝統の問題であり、従って教養の問題である。日本の軍隊の強さはかかる民族的教養の深さに根差している。民族の文化というものは単に哲学、科学、芸術等のいわゆる文化においてのみでなく、更に深くかかるところにおいて見なければならぬ。

×君。私はここで君が書簡の中で言った教養の問題に触れることになった。日本の知識階級はこれまでしばしば、日本的でないといって非難されてきた。けれどもそれが単なる伝説に過ぎないことは、戦場において、すでに君たちの先輩が証明してきたことであり、またやがて君たち自身が立派に証明するであろう。私は民族的教養の深さを思う。知識人のうちにおいても日本的伝統は、民族的教養は、つねに生きているのだ。そして実に、真の日本人であることなしに真の人間であることができるであろうか。真に日本的であることなしに真に世界的であることができるであろうか。

君は文化科学を勉強してきた。そのさい君は多くのものを西洋から学んでいるであろう。だが君はあの、知識階級は日本的でないというような伝説を気にして、これに迷わされてはならない。我々は決して単に自分の気紛れから西洋の学問をしてきたのではない。それが日本の発展にとって必要であったからなのである。大切なことは、自信を持つことだ。自分の学問が必ず国家の役に立つ、また役立たせてみせるという確信を持つことである。そして今日わが国の必要とするものが単に自然科学のみでないことは明かである。

しかし知識人としてかような自信を持つことは、知識階級的特殊意識を持つということであってはならない。すべての者は、学者であり、芸術家であり、実業家である前に、人間であるという言葉があるが、すべての日本人は、知識人であり、農民であり、勤労者である前に、国民であると言うことができる。というのは、君は間もなく入隊するが、先ず何よりも、国民の一人として、一人の立派な兵隊になることを心掛けて戴きたい。それには知識階級的特殊意識を捨てることが必要であろうと思う。もちろん知識を捨てるのではなく、却って一旦いわば知識人であることを否定して兵隊の一人になるということによって、君の教養は真に生きてくることができるであろう。

いま君たちが大量的に出陣するという事実の一つの意義は、知識人が国民の一人として真に国民の中に入ってゆくところにある。これによって、従来わが国の知識階級について指摘された国民からの遊離は克服されることになるであろう。そしてまたこれによって、知識人の教養は国民的のものとなり、一時いわゆる国民文学論において求められたような国民的なあらゆる文化が生れてくる基礎が作られることになるであろう。

ここに私は教養の性格の変化を考えるのであるが、これは更に別の方面からも考えることができる。今日の戦争は文化戦、科学戦であると言われているが、そのことを君たちは証明すべき任務を持っている。そして実際、君たちの教養は、戦闘そのものにおいて、また治安工作において、あるいはいわゆる文化工作において、その力を発揮するものと信じる。

「知は力なり」というのはベーコンの有名な言葉であるが、知識は一つの重要な戦力であるのだ。単に直接に軍事に関係する知識のみではなく、あらゆる種類の教養、軍事に極めて縁遠く見える教養にしても、戦力であることができる。文武一如と考えた昔の武士はこのことを理解したのであって、文を徒らに武化すること、単に実用化することを考えたのではない。

しかしまた君たちの教養は現実の実践の中に引き出されることによって新しい性格を得てくるに違いない。きびしい体験の中から君たちの学問は新しい問題、新しい見方、新しい解決を掴んでくるであろう。そしてこれらのことは将来の日本の教養の方向を決定する重要な要素になる。

二三年前、今の青年は一つの世代をなしていないと言われたことがあった。従来たしかにそういうところが認められた。世代が形成されるには、限定された体験と限定された教養とがなければならぬ。今や青年学徒は出陣する。君たちは全く限定された体験を持ち、君たちの教養も新たに限定され、かくして君たちは個性を持った一世代を形作ることになる。今や君たちは前代とは明確に区別される世代なのだ。この新しい世代に対する期待はまことに大きい。

×君。では、元気で出掛け給え。

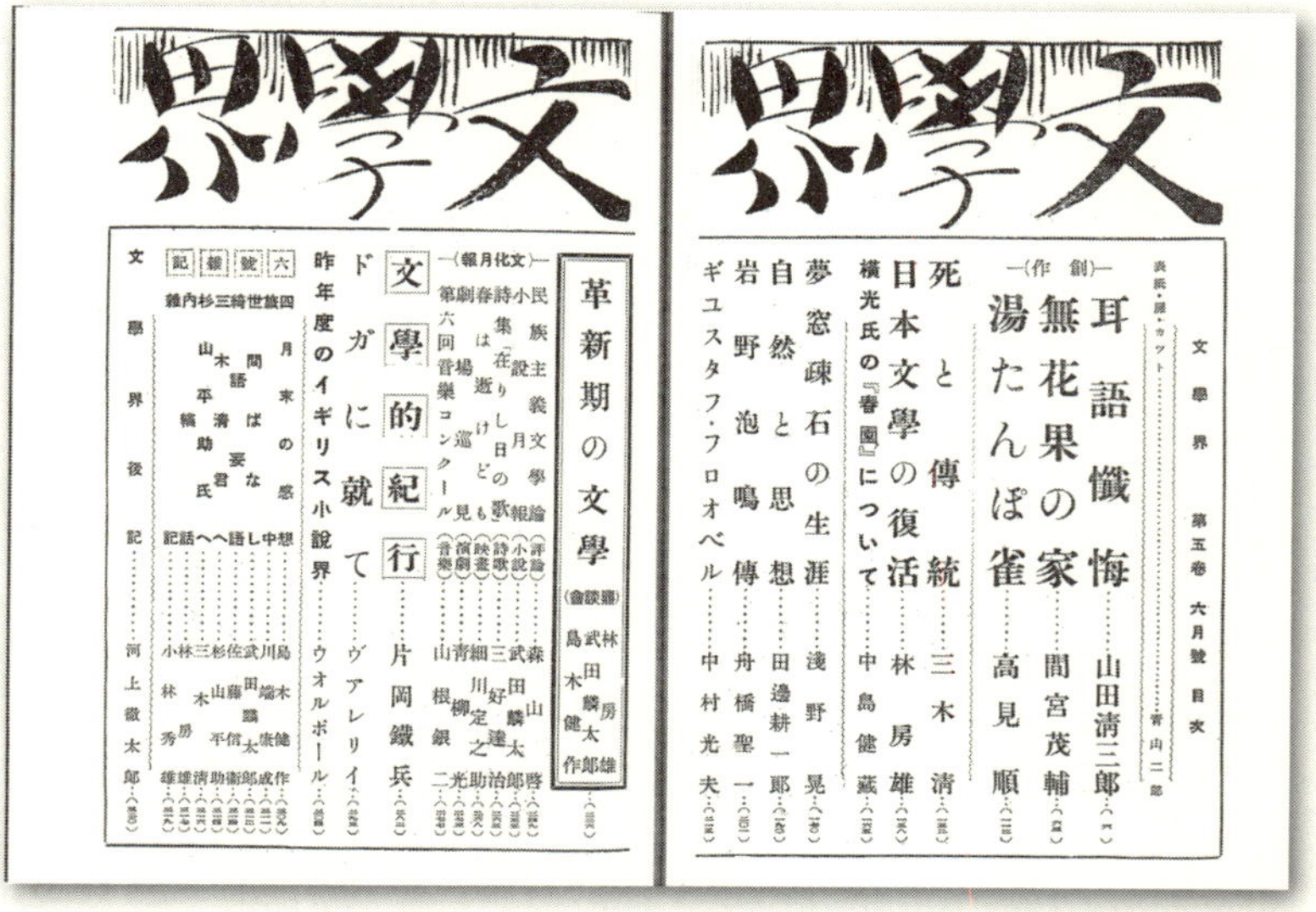

三木清「人生論ノート」の連載初回「死と伝統」が掲載された
『文學界』第５巻（昭和13年）６月号目次

結語

三木の死と遺稿「親鸞」の生命

子安宣邦

「過去は死に切ったものであり、それはすでに死であるという意味において、現在に生きているものにとって絶対的なものである。」

三木清「死について」

1 「死について」

三木清の『人生論ノート』という著作は、その書名ほどに分かりやすいものではない。断片的で、しかも断定的な人生論的アホリズムといった物言いは、読者のまともな理解を阻んでいるようである。通常の三木における啓蒙的で哲学的な解説者の文体はここにはない。昭和十年代の三木の盛んな社会評論的言説にほとんど好意をもたない私はこの『人生論ノート』をも手にとって見ることさえしなかった。その私があらためてこの書を探し出して読むようになったのは、三木の遺稿「親鸞」を読み始めてからである。これを手にしてはじめて、『人生論ノート』という書名から考えられるほど生やさしいものではないことを知った。

私は二〇一二年の十月から「歎異抄の近代」をタイトルにした市民講座を始めた。明治の清沢満之から始めたその講座は、やがて昭和の三木清を主題にして語るべき時期を迎えた。私は三木の遺稿「親鸞」を読み始めた。だがこの未完の断章「親鸞」は、三木の他の文章に向けてきた通常の理解の仕方を阻むようなテキストであった。どのように読むべきなのか。私はこのテキスト解読のための手掛かりを求めた。やがて私は三木の著作には宗教的関心を底部に強くもった数少ない文章のあることを知った。それは『パスカルに於ける人間の研究』であり、『人生論ノート』であり、そして遺稿「親鸞」などである。私は遺稿「親鸞」解読の手掛かりをえるために『人生論ノート』を読み始めたのである。

『人生論ノート』は「死について」という章から始まる。「死について」という文章のもとものタイトルは「死と伝統」であり、雑誌『文学界』に「人生論ノート」の副題をもって始められた連載の第一回目(昭和十三年六月)のものである。なお三木はそれに先立つ二年前昭和十一年六月に妻喜美子を亡くしている。それ以降「死」が三木の思考を重い形で規定していくことになる。だがその明らかな痕跡をわれわれは三木の数少ない文章の中にしか見出さない。

それは『人生論ノート』であり、遺稿「親鸞」である。

「近頃私は死というものをそんなに恐ろしく思わなくなった。年齢のせいであろう[1]」という

いかにも随想風に始まるその文章は、いきなり読者の単純なフォローを阻むような思弁的断章

の性格を見せるのである。

死について考えることが無意味であるなどと私はいおうとしているのではない。死は観念

である。そして観念らしい観念は死の立場から生れる。現実或いは生に対立して思想とい

われるような思想はその立場から出てくるのである。生と死とを鋭い対立において見た

ヨーロッパ文化の地盤——そこにはキリスト教の深い影響がある——において思想という

ものが作られた。

三木はいきなり「死は観念である」というのだ。「死」が「観念」であるとは何をいうこと

なのか。

2 「死は観念である」

『人生論ノート』の随想風の文章は、いきなりその解答を周囲にもつことのない、禅の導師

がするような唐突な問いかけ的な断章を読者にぶつけてくる。「孤独について」の章の冒頭でも、「孤独が恐しいのは、孤独そのもののためでなく、むしろ孤独の条件によってである。恰も、死が恐しいのは、死そのもののためでなく、むしろ死の条件によってであるのと同じである」と三木はいっている。これもまた読者を苦しめる。「孤独の条件」とは何か。それを考え、それを解くために読者はこの文章を自問自答しながら読んでいくしかない。「孤独の条件」と「死の条件」との類似がいわれるように、「孤独について」いう三木の文章は、「死について」いう文章と同様に、読者に自問自答による解読を促しているようである。

人はどのような重い病いにあっても病者であって、決して死者ではない。病いとは身体性を備えた生の衰弱である。だが死とはこの生との絶対的な断絶であり、否定である。「死は観念である」とは、このような生との絶対的な断絶をいうのであろうか。私は最近この生との絶対的な断絶としての死を妻の死を通して体験した。私は今年二〇一七年の七月二日に、三週間に及ぶ集中治療室での苦しい闘病生活のはてに妻を失った。親を含めて身近な人びとの死を幾度も私は体験してきた。しかし今度のこの死は別であった。私の日常の生と一切繋がりのない死者になったと知ったとき、私の妻子安美知子は観念として私に甦ったのである。「シュタイナー教育」という初志に貫かれた子安美知子が甦ったのである。それは私にとって思いがけない体験であった。

日本の学校教育という制度的環境は、シュタイナーの教育理念からもっとも遠く距たったものである。その環境にシュタイナーの教育理念に基づく学校を成立させることは途轍もなく困難な、リスクに満ちた企図であり、活動であった。その活動は制度との激しい軋轢だけではない、人間の組織が生み出す軋轢・葛藤・抗争を不可避にともなうものであった。だから七〇年代後半以降の彼女に私が見てきたのは、理念の現実化過程における矛盾と葛藤を負い続けてきた姿であった。この六月、『日本のシュタイナー学校が始まった日』[2]を編集し、出版して、四〇年にわたるシュタイナー教育運動の成果をみずから確認したように見える。だがこれは千葉の山里にかけたシュタイナー的共同体「あしたの国」創設の夢の挫折とみずからの心臓の病いからえた晩年の奇跡的安定期の僥倖の産物であった。六月初めに出版されたその書を知人友人に送り終えることなく彼女は倒れ、救急車で入院し、三週間、集中治療室を出ることなくして息絶えたのである。

七月二日の朝、呼吸が止まったという知らせを聞いて病院に駆けつけ、もう答えることのない死者と対面した。私ははじめて断絶としての死に直面した。私は母の死に際にも立ち会っている。だがこのような断絶感を味わうことはなかった。三週間にわたる病床での苦痛を傍らで共にしたせいか、彼女の死に肉体からも、人の世からも切れた断絶を見た。そのとき私は彼女の遺体の上に彼女の初志が蘇るように思われたのである。

三木は死とは死に切ったものであること、この生とのまったき断絶における死を観念というのである。そして死が観念であることによって、死は生命をもちうると彼はいうのである。三木は死者が蘇り、死者が生命をもつとは何かを問いながらこういっている。

「死の問題は伝統の問題につながっている。死者が蘇りまた生きながらえることを信じないで、伝統を信じることができるであろうか。」

「私はいま人間の不死を立証しようとも、或いはまた否定しようともするものではない。私のいおうと欲するのは、死者の生命を考えることは生者の生命を考えることよりも論理的に一層困難であることはあり得ないということである。死は観念である。それだから観念の力に頼って人生を生きようとするものは死の思想を掴むことから出発するのがつねである。すべての宗教がそうである。」

死は生と断絶した観念であることによって、死者の生命は現在に蘇ると三木はいうのである。三木はこの「死」の思想を「伝統」概念を導き出しながら語ろうとしている。死は過ぎ去ったもの、終わったもの、過去である。そして過ぎ去った過去が、なおいまに生命をもつものとして伝統がいわれる。ここから三木の「死」の思想は「伝統」あるいは「過去」をめぐる歴史論、人間的時間論の性格をもってくるのである。

3 「絶対的伝統主義」とは何か

三木の「死について」の断章は、「伝統の問題は死者の生命の問題である」といいながら「通俗の伝統主義の誤謬」を語っていく。「伝統の問題は死者の生命の問題である。それは生きている者の生長の問題ではない。通俗の伝統主義の誤謬――この誤謬はしかしシェリングやヘーゲルの如きドイツの最大の哲学者でさえもが共にしている――は、すべてのものは過去から次第に生長してきたと考えることによって伝統主義を考えようとするところにある。」三木はこの伝統主義、すなわち「伝統の意味が自分自身で自分自身の中から生成するもののうちに求められる」ようなものは相対的伝統主義にすぎないとして、絶対的伝統主義をいうのである。

> 絶対的な伝統主義は、生けるものの生長の論理でなくて死せるものの生命の論理を基礎とするのである。過去は死に切ったものであり、それはすでに死であるという意味において、現在に生きているものにとって絶対的なものである。半ば生き半ば死んでいるかのように普通に漠然と表象されている過去は、生きている現在にとって絶対的なものであり得ない。過去は何よりもまず死せるものとして絶対的なものである。この絶対的なものは、

ただ絶対的な死であるか、それとも絶対的な生命であるか。死せるものは今生きているもののように生長することもなければ老衰することもない。そこで死者の生命が信ぜられるならば、それは絶対的な生命でなければならぬ。この絶対的な生命は真理にほかならない。従って言い換えると、過去は真理であるか、それとも無であるか。伝統主義はまさにこの二者択一に対する我々の決意を要求しているのである。それは我々の中へ自然的に流れ込み、自然的に我々の生命の一部になっていると考えられるような過去を問題にしているのではない。（傍点は子安）

現在の自分たちのうちに生長する過去（伝統）を喜びいう伝統主義的日本において、現在から断絶した過去、死せる過去こそが絶対的であり、それこそが現在に蘇る生命をいいうる過去であり、伝統であるというような言説はほとんど聞くことのない稀有なものである。日本の国体として、国語として、臣民として血肉化された伝統が語られ、その伝統観が日本と日本人を支配していった昭和の十年代に、「絶対的な伝統主義は、生けるものの生長の論理でなくて死せるものの生命の論理を基礎とするのである。過去は死に切ったものであり、それはすでに死であるという意味において、現在に生きているものにとって絶対的なものである」といった言説をだれがいい、だれがこれを聞き入れただろうか。三木自身これを書きながら、この「死の思想」というべき文章のどれほどの理解者を彼は想定していたのだろうか。彼はほとんど理解者を想定することなく、孤独のうちにこれを書いたのではないのか。

『人生論ノート』という多数の読者を想定した書名にもかかわらず、「死について」から始まる人生論的断章は単純には同調者を寄せつけない孤独者の書く断章のようである。たしかに「死について」という断章は、それに呼応する「孤独について」という断章をもっている。

4 「死の論理」

私が『人生論ノート』の「死について」という断章の意味を理解したのは、三木の遺稿「親鸞」を読むことによってである。あるいはそれは逆であったかも知れない。遺稿「親鸞」の「歴史の自覚」の章を、私は「死について」の「死の思想」によって理解していったというべきかもしれない。ともあれ三木の「死の思想」なくして、遺稿「親鸞」の「末法思想」とその意義の私における理解はなかったのである。この理解の過程については、本書の序として載せた文章で私はすでにのべている。いまここで書くべきことは、『人生論ノート』に、そして遺稿「親鸞」に思想家三木の「生命」を見る私の読み方についてであろう。

三木が『人生論ノート』の序章「死について」（原題「死と伝統」）を『文学界』に載せたのは昭和十三年（一九三八）六月である。その連載は昭和十六年十月まで続く。遺稿「親鸞」の執筆時期はあきらかではないが、三木は昭和二十年（一九四五）三月に検挙されるが、その前年、埼玉の鷲宮に疎開したその年を三木は「「親鸞」の筆を起して書き進みつつ年を越したように思われる」と『全集』の「年譜」[3]は記している。この時期、すなわち昭和十年代のまさにアジア・太平洋戦争という戦争過程に日本があった時期に三木は実に多くの文章を雑誌・新聞に発表している。その文章のほとんどは『全集』の第十四、十五巻に収められている。それによって見れば、たとえば昭和十三年一月に三木は六つの雑誌・新聞に文章を載せている。そこには言論的強者として時代を生きている三木がいる。私が本書に附録として載せたのはその時期の三木の二つの文章である。本書の主題である「死」と「伝統」と「過去」にかかわる文章を選んでみた。その一つ「伝統論」[4]で三木はこういっている。

伝統は社会における人間の行為が習慣的になることによって作られる。行為が習慣的になることがなければ伝統は作られないであろう。しかるに習慣的になるということは自然的になるということであり、習慣的になることによってイデー的なものは自然の中に沈むのである。かくして伝統は次第に身体の中に沈んでゆき、外に伝統を認めない場合においても我々は既に伝統的であり、伝統は伝統的になることによって愈々深く社会的身体の中に沈んでゆく。我々の身体はその中に伝統が沈んでいるところの歴史的社会的身体の一分身である。伝統は客観的に形として存在すると共に主体的に社会的身体として存在する。伝統は元来超越的であると同時に内在的であるのである。身体のうちに沈んだ伝統はただ我々の創造を通じてのみ、新しい形の形成においてのみ、復活することができる。

ここまで長く引かなければまとまりがつかないので、余儀なく私は長く引いたが、これこそ昭和十年代の世を風靡する哲学的社会評論家三木の文章であるのだ。三木は見事な理論的解説的言語をもって、祖国日本という伝統の戦争という行為を通じての国民的形成を基礎づけているようだ。間違いなくこれは昭和十五年という大東亜戦争前夜の三木による時局的言説である。三木とはそのような言説家として昭和十年代の世を風靡し、そして戦後の私たちによって忌避され、否認されたのである。だがその同じ三木が、「絶対的な伝統主義は、生けるものの生長の論理でなくて死せるものの生命の論理を基礎とするのである。過去は死に切ったものであり、それはすでに死であるという意味において、現在に生きているものにとって絶対的なものである」(「死について」)といっていることを私たちはどう考えるべきなのか。どちらかを本物の三木として見分けるべきなのか。いやどちらも三木のものである。

戦局が厳しさを増し、学徒出陣がいわれるにいたった昭和十八年の一月に三木は「出陣する学徒に答ふ」という文章を書いている。ここでも三木は「伝統」をいっている。「人間は伝統の中に死に、そして伝統の中に生きるのである。最も宗教的な死も、伝統において死ぬことである。死の問題性は伝統の真理性の問題である」[5]。これは上に引いた絶対的伝統主義をいう三木の言葉と類似した紛らわしい文章である。この紛らわしさに紛らわされずに読めば、これは日本主義的ファシストの言葉と区別のつかないものとなる。「伝統の中に死に、伝統の中に生きよ」とは軍国主義的ファシストどもが国民に向かっていった言葉ではないか。だから三木もまた出陣する学徒に「靖国の伝統の中に死ぬ」ことをいうことになるのである。これは悲劇的なことだ。三木の言説の悲劇を何が導いたのか。

それは「過去は死に切ったものであり、それはすでに死であるという意味において、現在に生きているものにとって絶対的なものである」という「死の論理」を失うからである。三木は「死について」の断章において、死者は死に切ったものであることによって、生命をもつことをいった。この絶対的な死の論理をもって伝統をいい、過去をいうことによって三木は末世をめぐるすぐれた歴史認識を導いたのである。それが遺稿「親鸞」である。昭和二十年九月二十六日、三木が東京中野の豊多摩刑務所で獄死してから七十二年。なお現在に生命をもつ三木の文章とはこれである。

〈注〉

（1）三木清『人生論ノート』『三木清全集』第一巻、岩波書店、一九六六。引用に当たっては、漢字、かな遣いについては現行のものに改めた。

（2）『日本のシュタイナー学校が始まった日』子安美知子・井上百子編著、精巧堂出版、二〇一七。

（3）『三木清全集』第十九巻所載。岩波書店、一九六八。

（4）「伝統論」は昭和十五年（一九四〇）一月に『知性』に書かれ、後に『哲学ノート』（一九四一）に収められた。『三木清全集』第十四巻所載。

（5）三木「死と教養とについて—出陣する学徒に答ふ—」（昭和十八年十一月十二日「三田新聞？」）『三木清全集』第十四巻所載。

三木　清（みき きよし）

1897年、兵庫県生まれ。京都帝国大学哲学科卒。1930年に法政大学教授を辞してからはジャーナリズムで活躍。1945年3月に検挙・拘留され、敗戦から40日後の9月26日に獄死。享年48歳。

著作は『三木清全集』全二十巻(岩波書店)にまとめられているほか、『人生論ノート』（新潮文庫）、『読書と人生』（講談社文芸文庫）などは文庫化されている。

《編著者》

子安 宣邦（こやす のぶくに）

1933年生まれ。日本思想史家。東京大学大学院人文科学研究科(倫理学専攻)修了。大阪大学名誉教授。日本思想史学会元会長。

著書に、『思想史家が読む論語』（岩波書店)、『鬼神論』『日本ナショナリズムの解読』『「歎異抄」の近代』（白澤社)、『「アジア」はどう語られてきたか』『昭和とは何であったか』（藤原書店)、『国家と祭祀』『「近代の超克」とは何か』『和辻倫理学を読む』（青土社）など多数。

三《み》木《き》清《きよし》遺《い》稿《こう》「親鸞《しんらん》」——死《し》と伝統《でんとう》について

2017年9月30日　第一版第一刷発行

著　者　三木　清　／　編著者　子安宣邦

発行者　吉田朋子

発　行　有限会社 白澤社《はくたくしゃ》

〒112-0014　東京都文京区関口1-29-6　松崎ビル2F

電話　03-5155-2615／FAX　03-5155-2616／E-mail：hakutaku@nifty.com

発　売　株式会社 現代書館

〒102-0072　東京都千代田区飯田橋3-2-5

電話　03-3221-1321㈹／FAX　03-3262-5906

装　幀　装丁屋 KICHIBE

印　刷　モリモト印刷株式会社

製　本　鶴亀製本株式会社

用　紙　株式会社市瀬

　ISBN978-4-7684-7967-4

白澤社《はくたくしゃ》 刊行図書のご案内

発行・白澤社　発売・現代書館

白澤社

白澤社の本は、全国の主要書店・オンライン書店でお求めになれます。店頭に在庫がない場合でも書店にお申し込みいただければ取り寄せることができます。

〈新版〉鬼神論
——神と祭祀のディスクール

子安宣邦 著

定価2000円＋税
四六判上製224頁

伊藤仁斎、山崎闇斎、荻生徂徠、新井白石、平田篤胤ら近世日本の知識人が展開した「鬼神論」の世界。人が「鬼神」を語るとはどういうことか。独自の方法で日本思想史の流れを一変させ、子安思想史の出発点となった名著。新版刊行にあたり、「鬼神論」を読み解く意義を説いた「新版序　鬼神はどこに住むのか」を巻頭に付した。

日本ナショナリズムの解読

子安宣邦 著

定価2400円＋税
四六判上製232頁

日本思想史学の第一人者である著者が、本居宣長、福沢諭吉、和辻哲郎、田辺元、橘樸ら、近世から昭和初期にかけての思想を批判的に再検討し、国家と戦争の二〇世紀における帝国日本を導き、支え、造り上げてきた日本ナショナリズム言説を徹底的に解読する。子安思想史の方法的解読作業の新たな成果。

「歎異抄」の近代

子安宣邦 著

定価3400円＋税
四六判並製336頁

「私が引き受けようとしたのは、近代日本の知識人における『歎異抄』による「信」の思想体験を読み直し、辿り直すことであった」(「あとがきに代えて」より)。清沢満之から暁烏敏、倉田百三、三木清、野間宏、吉本隆明らはどのように『歎異抄』を読んできたか。近代日本知識人における『歎異抄』による「信」の思想体験を読み直し辿り直す。